조건검색을 이용한

주식 자동매매
완전정복

ALGORITHMIC

조건검색을 이용한

주식 자동매매 완전정복

개인투자자용 주식 자동매매 시스템 구축을 위한 완벽 입문서

엑슬론 지음

TRADING

"조건검색과 결합해 더욱 강력해진 주식 자동매매 시스템,
그 무한한 가능성을 확인하라"

시스템 트레이더
7,800+
네이버 카페 운영

다운로드 30,000+
기록한 자동매매
프로그램 사용

2016년 키움
실전투자대회
수익률 23위 기록

머리말

불과 몇 년 전만 하더라도 개인 투자자가 자동매매 시스템을 구축하는 것은 사실상 불가능에 가까웠습니다. 그러나 지금은 Open API 서비스를 이용하여 누구나 쉽게 자동매매 시스템을 구축할 수 있는 시대가 되었습니다. 그렇지만 아직도 '조건검색'이나 '자동매매'에 대해 모르는 투자자들이 많이 있습니다. 그런 분들을 위해 이 책은 개인 투자자가 자동매매 시스템을 구축하기 위한 가장 빠른 방법을 제시합니다.

우선 시스템 트레이딩의 기초부터 학습을 시작하고 실전 자동매매 프로그램으로 실습을 진행합니다. 이를 통해 주식 시장에서 1년 365일 자동으로 운용되는 시스템을 스스로 구축할 수 있게 됩니다. 구체적으로는 키움증권의 조건검색을 이용해 종목을 자동으로 검출하고, 검출된 종목이 자동매매 프로그램을 통해 자동으로 매매되는 방식의 '개인 투자자용 자동매매 시스템'을 구축하는 것입니다.

실습용으로 사용하는 자동매매 프로그램은 7년 전부터 상용 프로그램으로 서비스되고 있는 국내에서 가장 안정적이고 빠른 소프트웨어로, 자동매매에 어려움을 겪는 개인 투자자를 위해 무료 사용이 가능하도록 배포되고 있습니다. 덕분에 누구나 비용 부담과 시간제한 없이 자동매매 시스템을 이용한 수익모델 개발을 할 수 있게 되었습니다.

이제 자동매매 시스템을 개인 투자자가 구축하는 것이 가능해졌지만, 그 시스템으로 꾸준한 수익을 내는 것은 또 다른 문제입니다. 이 문제를 해결하기 위해서는 조건검색에 관한 연구와 대응 전략 설정 등 다양한 방법을 익혀야 하는데 이는 생각보다 쉽지 않은 일입니다.

하지만 아무것도 모르는 개인 투자자도 이 책을 끝까지 읽기만 한다면 자동매매 시스템을 운용하기 위한 증권사 API 설치, 자동매매 프로그램 설치, 키움증권에서 제공하는 조건검색을 능숙하게 다루는 방법, 자동매매 프로그램의 전략 설정 방법 등 시스템 트레이딩에 대한 구체적이고 다양한 방면의 지식을 습득하여 곧바로 실전에 활용할 수 있어 누구나 자동매매 시스템을 손쉽게 다룰 수 있게 됩니다.

이제, 아무도 알려 주지 않은 '시스템 트레이딩'의 세계로 여러분을 안내하겠습니다.

엑슬론

| 목차 |

5장 | 자동매매 프로그램 다루기

6장 | 실전 자동매매 입문하기

7장 | 수익모델 개발하기

8장 | 전략 설정하고 개선하기

1장

주식 자동매매 시스템 소개

개인 투자자도 구축할 수 있는 시스템 트레이딩의 첫걸음!
원하는 종목을 자동으로 검색해 주는 요술 방망이, 실시간 빅데이터 종목 분석 시스템인 키움증권 조건검색을 이용한 주식 자동매매 시스템에 대해 소개한다.

1-1
주식 자동매매 시스템이란

　주식 자동매매 시스템은 개인 투자자를 위하여 개발된 기계적인 프로그램 매매 방법으로, 사용자가 기본 설정만 해 두면 이후에는 프로그램이 설정해 둔 값에 의해 자동으로 주식을 사고파는 획기적인 매매 방법이다. 주식 자동매매 프로그램의 종류는 다음과 같으며 이 책에서는 조건검색을 이용한 자동매매를 다룬다.

주식 자동매매 프로그램의 종류
· 조건검색을 이용한 자동매매
· 인공지능 AI를 이용한 로보어드바이저 자동매매
· 각종 알고리즘을 이용한 자동매매

　주식 자동매매 프로그램은 매우 복잡한 방식으로 작동한다. 개인이 직접 개발하려면 공개된 소스나 유료로 판매하는 소스를 구입하여 개선하는 작업을 거쳐야 한다. 아니면 직접 개발하는 방법도 있다. 하지만 주식에 대한 전반적인 지식과 프로그램 개발에 대한 상당한 지식이 있어야 가능하므로 프로그램 완성에 오랜 시간이 걸리고 중도 포기하는 사례가 많은 분야다.

 이 책에서 다루는 자동매매는 실시간 빅데이터 종목 분석 시스템을 보유한 키움증권의 '조건검색'을 '자동매매 프로그램'과 결합시킨 강력한 자동매매 시스템이다. 조건검색은 증권사 서버에서 실시간으로 전 종목의 주가 흐름을 분석하여 조건에 맞는 종목을 검출해 주는 매우 강력한 분석 시스템이다. 조건검색만 잘 활용해도 전문가들이 말하는 대부분의 테마주나 우량주 등을 실시간으로 1초 만에 추출할 수 있다.

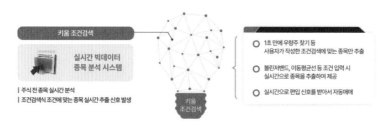

그림 1-1. 실시간 빅데이터 종목 분석 시스템

 이렇게 강력한 조건검색과 자동매매 프로그램을 결합하면 최고의 자동매매 시스템을 구축할 수 있다. 조건검색은 실시간으로 원하는 종목을 검출하고, 자동매매 프로그램은 검출된 종목을 손 매매보다 몇 배 빠르게 매수한다. 매수된 종목은 사용자가 설정한 전략값에 따라 매도 시점이 되면 자동으로 매도하여 수익을 확보한다.

많은 주식 투자자들이 손 매매를 하다가 장 초반에 수익이 나도 중단하지 못하고 뇌동매매하여 손실로 마감하는 뼈아픈 경험을 겪어 봤을 것이다. 또한 장 초반에 손실 본 것을 복구하려다 몇 배 큰 손실로 마감하는 일도 많았을 것이다. 자동매매는 수익이든 손실이든 정해진 대로 매매를 종료하는 기계적인 매매법이다. 조건검색식을 작성하는 방법을 배우고 자동매매 프로그램에 전략 설정을 세팅해 놓으면 사용자 개입 없이 1년 365일 자동으로 매매하는 시스템을 누구나 구축할 수 있다.

그림 1-2처럼 자동매매 프로그램은 신호에 따라 종목을 자동으로 매수하고 매도한다. 과거에는 꿈도 못 꾸던 강력한 시스템을 여러분의 가정과 사무실에 구축 가능한 시대가 되었다.

그림 1-2. 자동매매 프로그램 작동 방법

자동매매 시스템을 가정에서 구축하는 데 들어가는 비용은 없다. 기존에 사용하던 컴퓨터와 인터넷만 있으면 기본적인 준비는 끝난 것이다.

조건검색을 이용한 주식 자동매매 완전정복

추가적으로 키움증권 계좌 개설이 필요하며, 이 책에서 소개하는 자동매매 프로그램을 이용하면 나만의 자동매매 시스템을 누구나 구축할 수 있게 된다. 월급 외 수익과 노후연금을 만드는 일이 가능한, 소자본 투자에 최적화된 자동매매 시스템을 이번 기회에 꼭 구축하기를 바란다.

1-2
조건검색은 왜 필요한가?

　키움증권의 HTS인 '영웅문 4'에서 제공하는 여러 기능 중 '조건검색'이란 기능이 있다. 이 기능은 사용자가 필요한 지표를 작성하고 조합한 결과에 따라 2,000개가 넘는 코스피, 코스닥 종목을 대상으로 키움 조건식 서버에서 분석 후 사용자가 원하는 종목을 실시간으로 검출해 준다.

　예를 들어 '당일 등락률 상위 10위'인 종목을 검출하도록 조건검색식을 작성하면, 실시간으로 등락률 상위 10종목을 끊임없이 검색해 준다. 이렇게 검색된 종목은 HTS에서 수동 매매를 하거나 자동매매 프로그램과 결합할 경우 사전에 설정된 값으로 자동으로 매수하고 매도할 수 있다.

　이제부터 조건검색은 어떻게 만들고 활용하는지에 대해 상세하게 알아보도록 한다.

　조건검색을 이용한 주식 자동매매 완전정복

1-3
조건검색 알아보기

그림 1-3. 키움증권 메뉴 툴바

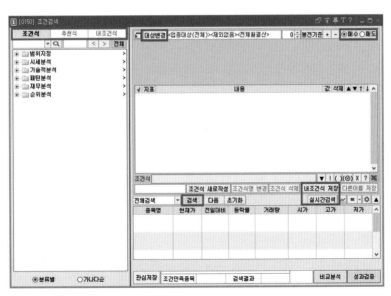

그림 1-4. 키움증권 [0150] 조건검색 화면

영웅문 4를 실행하고 화면 상단의 메뉴 툴바에서 '조건검색'을 클릭하거나 왼편의 돋보기 검색창에 화면번호 '0150'을 입력 시 바로 조건검색 창이 뜬다. 모든 조건검색의 지표는 여기서 작성된다.

조건검색의 주요 메뉴는 다음과 같다.

· **조건식** : 범위지정, 시세분석, 기술적분석, 패턴분석, 재무분석, 순위분석 등 구체적인 지표를 선택하여 상세한 수치를 작성할 수 있는 각종 조건식 지표가 제공된다.

· **추천식** : 키움에서 제공하는 조건식으로 항목을 더블 클릭하여 작성된 지표를 사용할 수 있다. 대형 저평가 우량주, 중소형 저평가주, 성장주, 우량주, 가치주, 실적호전주, 수익성이 좋은 기업 등의 조건식이 제공되며 자신의 지표를 추가하여 더욱 선별된 조건식 작성이 가능하다.

· **내조건식** : 자신이 작성하여 저장한 조건식을 보여 주는 항목이다. 조건식은 200개까지 작성할 수 있고 조건식 1개당 최대 20개의 지표를 작성할 수 있다.

· **대상변경** : 거래가 가능한 전체종목을 대상으로 부실주나 관리종목 등을 검출에서 제외하는 목적으로 사용된다. 대상변경 메뉴는 조건식을 작성할 때 가장 먼저 사용한다.

· **매수, 매도** : 기본적으로 매수에 체크가 되며 대부분 매수 조건식을 많이 사용한다. 매도 조건식을 작성할 경우 반드시 매도에 체크하고 작성해야 매도 조건식으로 사용할 수 있다. 매도 조건식은 꼭 필요하지 않으며 설정값으로 매도를 진행할 수 있다.

· **내조건식 저장** : 각종 지표를 최대 20개까지 사용하여 작성된 조건식을 저장한다.

· **검색** : 조건식 작성 후 어떤 종목이 검출되는지 클릭하여 확인할 수 있다. 실시간 지표인 경우 장중에만 검색되는 경우가 많으며 조건식에 따라 지표를 충족하는 종목이 없는 경우에는 검출이 되지 않는다.

· **실시간 검색** : 작성한 조건식을 장중에 실시간 검색을 클릭하여 창을 띄우면 조건에 만족하는 종목들이 실시간으로 바뀌며 검출된다. 조건식 작성이 잘못될 경우 실시간 충족 종목이 없어 종목 검출이 안 될 수 있다.

　제일 먼저 '대상변경'을 클릭하여 어떠한 종목을 대상으로 종목을 검출할 것인지 결정한다.

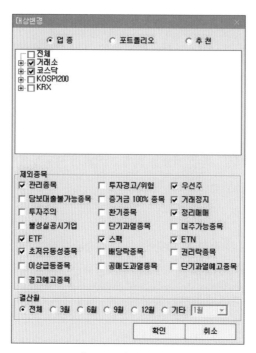

그림 1-5. 조건검색 대상변경

　제외하고 싶은 항목에 모두 체크를 하고 확인을 누르면 자동으로 저장
이 완료된다. 부실주, 우선주, ETF 등은 제외하고 거래소, 코스닥 종목을
대상으로 매매 하기를 추천한다.

　제일 많이 사용하는 메뉴는 '조건식' 메뉴로 범위지정, 시세분석, 기술
적분석, 패턴분석, 재무분석, 순위분석 등 6개의 항목으로 나뉜다. 항목
별로 앞의 + 기호를 누르면 세부 항목이 펼쳐지고 원하는 항목을 선택하
면서 상세한 지표를 작성하여 사용할 수 있다.

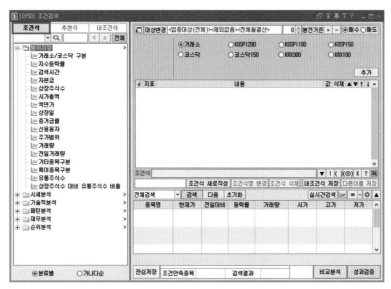

그림 1-6. 조건식 탭 세부 항목

첫 번째 항목의 '범위지정'에서 지표를 추가하는 방법을 알아보자. '전일 거래량'을 클릭하면 오른쪽 화면 상단에 1봉 전 거래량 범위를 설정하는 항목이 나온다. 여기서 천만 주 이상으로 숫자를 기록하고 '추가' 버튼을 클릭하면 아래 화면에 A 지표가 추가된다. 검색 버튼을 클릭하면 A 지표를 충족하는 종목이 나열되는데 제대로 작성되었으면 다음 그림의 화면처럼 종목이 검출되어야 한다.

[지표 작성]

A : [일] 1봉 전 거래량 10,000,000 이상 999999999 이하

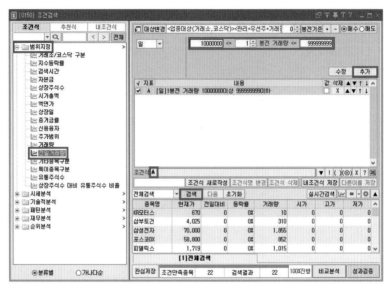

그림 1-7. 전일 거래량 지표 추가

　지표는 총 20개까지 추가할 수 있으므로 다음은 가장 많이 사용되는
항목인 '시세분석'을 클릭하여 '가격조건'을 설정해 본다. 트리구조로 되
어 있어 '가격조건' 앞의 + 버튼을 클릭하면 세부 항목을 선택할 수 있다.
세부 항목 중 '주가범위'를 작성해 본다. '주가범위'를 클릭하고 10,000원
~20,000원의 종목을 선택하기 위해 수치 입력 후 추가를 누르면 B 지표
가 생성된다.

　검색을 클릭하면 B 지표가 추가되면서 전일 거래량에 검색된 종목보
다 많이 줄어든 3~4개의 종목이 검출되었다. 조건식의 작성이 끝난 후
에는 꼭 '내조건식 저장'을 클릭하여 작성한 조건식의 명칭을 정하고 입
력한 뒤 저장해 준다.

　　　　　　　　　　　　조건검색을 이용한 주식 자동매매 완전정복

[지표 작성]

A : [일] 1봉 전 거래량 10,000,000 이상 999999999 이하

B : 주가범위 : 0일 전 종가가 10,000 이상 20,000 이하

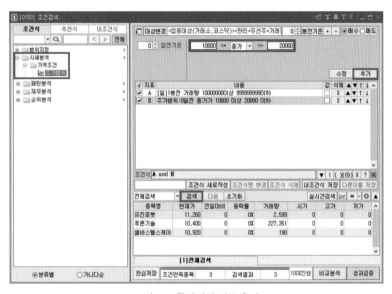

그림 1-8. 주가범위 지표 추가

    조건식을 저장하면 자신이 만든 조건식 목록이 나타나며 조건식 명을 '더블 클릭'하면 지표가 나타난다. 정상적으로 저장된 것을 확인하고 검색을 클릭하면 전일 거래량과 주가범위를 충족한 종목들이 검출된다.

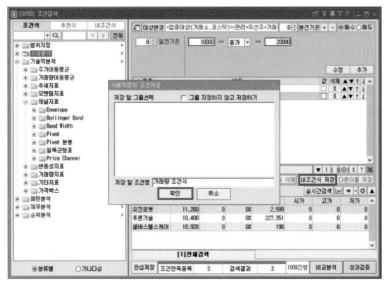

그림 1-9. 조건식 저장하기

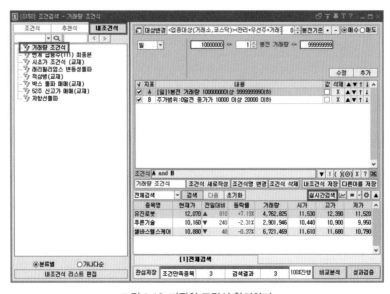

그림 1-10. 저장한 조건식 확인하기

조건식을 제대로 작성했는지 '실시간 검색' 버튼을 클릭하여 확인해 보자. 새로운 창이 뜨며 장중에는 실시간으로 종목이 검출되어야 한다. 조건식이 잘못되었거나 종목이 드물게 검출되는 조건식일 때 검출 화면에 아무런 종목이 나타나지 않는 경우도 있다.

간단한 두 줄짜리 조건식인데도 그림 1-11과 같이 종목이 3종목 정도 검출되는 것을 볼 수 있다. 종목이 너무 없어도 무용지물이지만 30개 ~100개 이상씩 검색되는 조건식도 무용지물이다. 자동매매를 하기 위해서는 1~20개 내외의 종목이 검출되는 것이 가장 이상적이다.

그림 1-11. 실시간 검색

다음은 기술적분석에 대해 알아보자. 기술적분석은 기업의 내재적 가치를 평가하고 투자하는 기본적 분석과 달리 주식의 변동되는 가격 움직임 등의 차트를 분석하고 투자하는 방법으로 다양한 분석 기법이 나와 있다.

기술적분석 방법 중 이격도를 사용하는 조건식을 만들어 보자. 이격도는 주가와 이동평균선이 얼마나 떨어져 있는지(괴리율)를 나타내는 지표이다. 주식 이격도를 찾아 기술적분석 지표를 추가하는 방법을 알아본다.

사용하고자 하는 지표를 가장 빠르게 찾는 방법은 상단 메뉴의 돋보기 검색 기능을 이용하는 것이다. 이격도를 입력하고 엔터나 돋보기를 클릭한다. 두 번째 검색 결과인 이격도를 클릭하면 하단에 '모멘텀지표-이격도'가 나타난다. '이격도'를 클릭하고 '기준값 돌파'를 클릭한다.

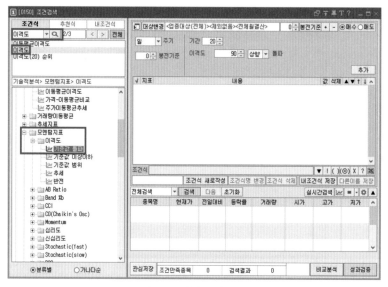

그림 1-12. 이격도 지표 검색

기준값 돌파 지표는 일주기 0봉 전 기준 20일 주가 이동평균선이 90일 이동평균선을 상향 돌파할 때 종목을 검출해 달라는 의미이다. 여기서 0봉 전은 당일을 뜻한다. 수정할 내용이 없으므로 '추가'를 클릭하고 종목이 검색되는지 검색을 클릭하여 확인한다. 다음 그림과 같이 5개의 종목이 검출되었다. 단순한 한 줄짜리 지표임에도 적절한 종목이 검색된다.

[지표 작성]

A : [일] 0봉 전 이격도(20) 90 상향돌파

그림 1-13. 이격도 지표 추가

다음은 순위지표를 활용하는 방법에 대해 알아본다. '조건식 새로작성'을 클릭하여 기존에 작성한 조건식을 지운다. '순위분석'을 더블 클릭하여 '시세 순위-전일 대비 주가등락률 순위'를 클릭한다. 상세 지표 중 개수값을 100에서 10으로 수정하고 지표를 추가한다. A 지표의 의미는 전일 대비 주가등락률 상승 순위대로 10종목을 검색해 달라는 의미이다. 검색을 클릭해 보면 상한가 종목 등 10개의 종목이 검출된다.

[지표 작성]

A : 전일 대비 주가등락률 순위 상위 10

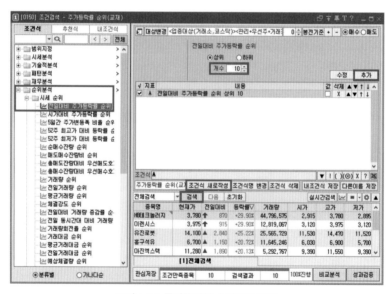

그림 1-14. 주가등락률 순위지표 추가

조건식 지표 작성은 어렵지 않다. 하지만 다양한 지표를 사용하고 조합하려면 세부 항목에 대한 충분한 이해와 조건식 작성 연습을 통해 자신이 원하는 종목이 검출되도록 많은 노력을 해야 한다.

조건검색을 이용한 주식 자동매매 완전정복

스마트폰으로 다음의 QR코드를 촬영해서 자세한 내용을 확인해 보자.

YouTube 동영상 링크

채널명 : 키움증권 채널K

제목 : 영웅문4 조건검색 투자교육 [HTS활용법]

YouTube 검색결과 링크

채널명 : 키움증권 채널K

내용 : 채널 내에서 '조건검색' 검색 결과

키움증권 도움말 링크

내용 : 조건검색 개별조건 도움말

그림 1-15. 참고할 사이트 QR코드

1-4
키움증권 성과검증 활용하기

    지금까지 조건식을 작성하는 가장 기초적인 방법에 대해 알아보았다. 이번에는 작성한 조건식을 HTS에서 성과검증하는 방법에 대해 알아본다. 키움 성과검증은 일봉과 분봉을 이용한 검증 방법이라 실시간 조건식을 사용할 경우 분 단위 오차가 발생하니 참고하자.

    이 기능은 내가 만든 조건식이 과거에 어느 정도의 성과를 기록했는지 검토하는 데 도움을 준다. 실시간 단타용 조건식인 경우 직접 자동매매 프로그램에 조건식을 장착하여 실시간 검증하는 게 가장 정확한 방법이다. 성과검증은 모의투자 상태에서는 불가하고 실전 투자로 접속해야 이용 가능하다.

조건검색 창 하단 우측의 '성과검증'을 클릭하면 성과검증(조건식)이라는 새 창이 뜬다.

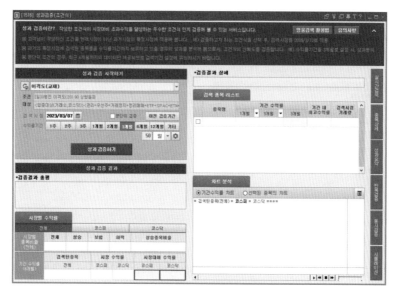

그림 1-16. 성과검증 실행하기

지금까지 만들어 저장한 조건식 중 '이격도 조건식'을 선택해 보자. 분 단위부터 주 단위, 월 단위 검증이 가능하다. 우선 검색 시점을 2023년 1월 2일로 설정해서 이격도 조건식의 지난 6개월 단위의 성과를 보도록 한다. '성과 검증하기'를 클릭하면 다음과 같은 검증 결과가 나온다.

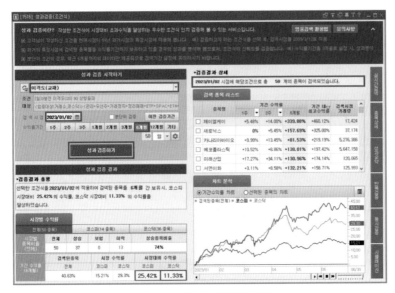

그림 1-17. 이격도 성과검증 결과

성과는 좋은데 해당 시점에 50개의 종목이 검출되었다. 매매하기엔 너무 많은 종목이 검출되었기에 조건식에 추가 지표를 넣고 성과검증을 해 보기로 한다.

금일 기준으로 5일 중 신고가 지표를 추가해 보자. 일주일 동안 오늘의 고가가 가장 높은 종목을 검색하는 기준을 추가하는 것이다. 다시 성과검증을 6개월로 해 보니 다음과 같이 14개의 종목이 검출되었고 전체 종목의 수익률도 33.66%를 기록하였다. 종목 수가 많을 경우 적절한 지표를 추가하여 종목 수를 압축하는 게 자동매매에는 적합하니 조건식 지표에 관한 연구를 꾸준히 하면서 자동매매에 접목하길 바란다.

조건검색을 이용한 주식 자동매매 완전정복

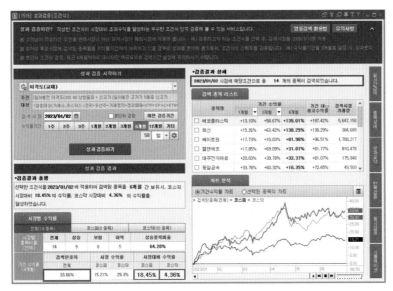

그림 1-18. 신고가 지표 추가 성과검증

2장

영웅문 4
조건검색 기초 다지기

조건검색식 작성 방법을 기초부터 다시 한번 자세히 안내한다. 반복적인 학습을 통해 완벽히 숙지하여 모든 사용자가 조건식을 손쉽게 다루기 위함이다.

2-1
대상변경에서 업종 선택하여 종목 고르기

　키움증권 영웅문 4에 접속하여 상단 메뉴에서 '조건검색'을 클릭하면 검색식을 작성하는 창이 열린다. 이 창에서 '대상변경'을 클릭하면 코스피, 코스닥 등 자신이 투자할 대상을 선택하는 창이 열린다. 이제 '대상변경' 상단의 업종, 포트폴리오, 추천 세 가지 항목 중에서 원하는 항목을 대상으로 한정하여 매수 조건식과 매도 조건식을 작성해 보자.

1. 최상단의 '업종'을 선택하면 세부적으로 본인이 원하는 종목들로 한정하여 조건식을 작성하게 된다.
2. 중간의 '제외종목'에서 부실기업 등 본인이 원치 않는 종목 체크 시 검색에서 제외된다.
3. 하단의 '결산월'은 전체를 선택하거나 본인이 원하는 분기를 선택한다.
4. 최하단의 '확인'을 클릭해야 최종 선택 사항이 반영된다.

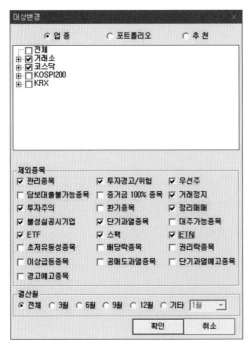

그림 2-1. 업종 대상변경

2-2
관심 종목, 보유종목 대상으로 검색식 작성하기

1. 대상변경 최상단의 '포트폴리오'를 선택하면 자신의 관심 종목이나 보유종목만을 대상으로 검색식을 작성할 수 있다.

2. 관심 종목 : HTS에서 관심 종목으로 등록한 종목만을 대상으로 매수한다.

3. 보유종목 : 현재 보유 중인 종목을 대상으로 매도하거나 추가 매수한다. (실서버에서만 지원된다.)

TIP

블랙리스트 기능처럼 활용하자

조건식을 작성할 때 대상변경→포트폴리오→관심 종목 순으로 선택 후 '선택 관심 종목이나 보유종목만 제외하고 검색' 기능에 체크한다. 이후 본인이 평소에 거래하고 싶지 않은 작전주나 테마주 관리종목 등을 관심 종목에 꾸준히 등록한다면 자동매매에서 해당 종목은 자연스럽게 매매하지 않게 된다. 자동매매 프로그램상에서 블랙리스트 기능을 사용하는 방법도 있지만 키움 서버를 이용하여 자연스럽게 걸러주므로 훨씬 유용할 수 있다.

조건검색을 이용한 주식 자동매매 완전정복

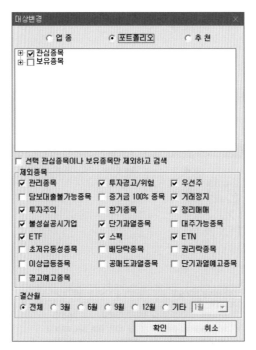

그림 2-2. 포트폴리오 대상변경

2-3
뉴스, 테마종목 대상으로 종목 선택하기

테마종목이나 뉴스 공시를 대상으로 종목을 선택할 수 있다.

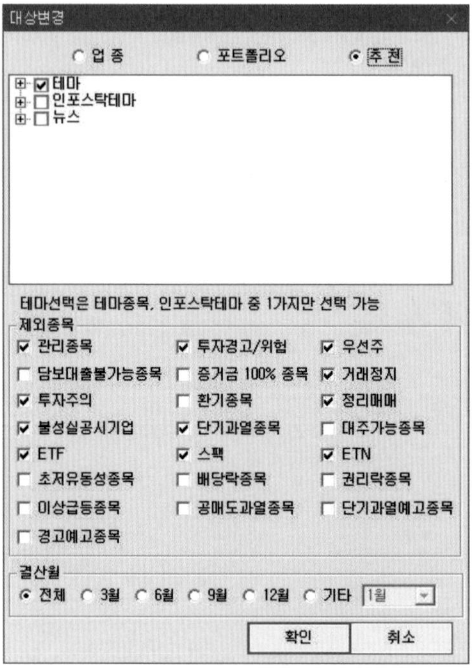

그림 2-3. 테마, 뉴스 대상변경

조건검색을 이용한 주식 자동매매 완전정복

2-4
[기초] 등락률 상위 10위~20위 종목만 골라보기

그림 2-4는 제외(!)를 이용해서 원하는 순위의 종목을 검색하는 방법
이다.

A : 등락률 상위 10종목.
B : 등락률 상위 20종목.

'A and B'로 작성하면 상위 10개의 종목이 검색된다. 두 가지 지표를
모두 충족해야 한다. '! A and B'로 작성하면 상위 1~10위까지를 제외하
고 11위부터 20위까지의 종목만 검색해 준다. 지표 제외 방법은 A를 블
록 잡아 오른쪽의 느낌표(!) 버튼을 클릭하면 된다.

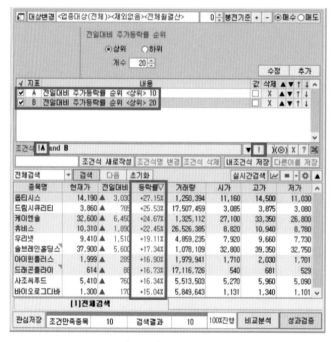

그림 2-4. 상위 순위 고르기

조건검색을 이용한 주식 자동매매 완전정복

2-5
[기초] 헷갈리는 지표 이해하기

그림 2-5. 조건식 이상과 이하

지표 작성 시 양수(+)는 헷갈리지 않는데 음수(-)로 할 경우 혼란이 온다. 예를 들어 시가 대비 종가 -3%~30% 등락 종목을 검색하고 싶다면 아래와 같이 -3% 이상으로 작성해야 한다. 지표에 혼란이 올 때는 우선 작성해 보고 검색 버튼을 클릭하여 종목이 제대로 검출이 되는지 확인하거나 차트를 참고하여 확인한다.

[지표작성]

A : 주가등락률 : [일] 0봉 전(중) 시가대비 0봉 전 종가등락률 -3% 이상

다음 그림은 전일 종가 대비 현재가가 -3% 넘게 하락한 종목을 찾아준다. (응용하면 매도 조건식으로 유용하다.) 지표를 -3% 이하로 작성해야 정상적으로 종목이 검출된다.

[지표작성]

A : 주가등락률 : [일] 1봉 전(중) 종가대비 0봉 전 종가등락률 -3% 이하

그림 2-6. 조건식 이상과 이하

조건검색을 이용한 주식 자동매매 완전정복

2-6
[기초] 지표 조합 AND, OR 사용하기

조건식 지표를 조합하는 방법에는 다음과 같은 방법이 있다.

AND : 지표를 모두 만족하는 종목이 검출된다.

OR : 둘 중의 한 가지만 만족하면 검출된다.

! : 지표 앞에 붙으며 제외를 의미한다.

다음 그림처럼 기본적으로 지표를 추가하게 되면 AND로 연결된다. AND로 연결된 지표를 OR로 바꾸어 주고 싶다면 and에 마우스 커서를 올리고 더블 클릭한다. 이때 한 번 더 더블 클릭하면 다시 and로 바뀐다. 아래의 지표는 (A+B)를 충족하거나 C 지표를 충족하는 종목이 검출되는 조합이다.

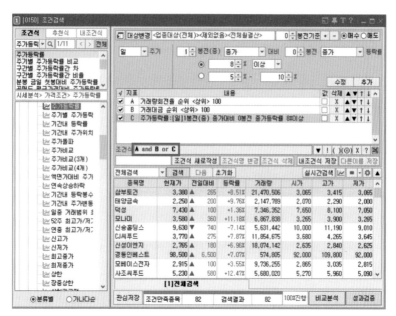

그림 2-7. and, or 지표

조건검색을 이용한 주식 자동매매 완전정복

2-7
[기초] 매수 조건식 만들기

매수 조건식은 원하는 지표 추가 후 검색을 통해 확인하며 만들어야 한다. 자신이 생각하는 종목이 검색되도록 지표를 선정하고 조합하는 과정이 필요하다. 다음 사진은 간단하게 매수 조건식을 작성한 예시이며 A 지표와 B 지표를 만족하는 2종목이 검색된 결과다. 대상은 전체 업종을 대상으로 하였고 기본적으로 '매수'가 선택이 되어 있다. 원하는 지표를 왼편 '조건식' 탭에서 하나씩 골라 추가하면 된다. 이후 '검색' 버튼을 클릭하여 검색되는 종목을 살펴보며 지표가 제대로 사용되었는지 확인하자.

[지표 작성]
A : 주가등락률 : [일] 1봉 전(중) 종가대비 0봉 전 시가등락률 5% 이상 10% 이하
B : [일] 0봉 전 〈롱바디(양봉)〉

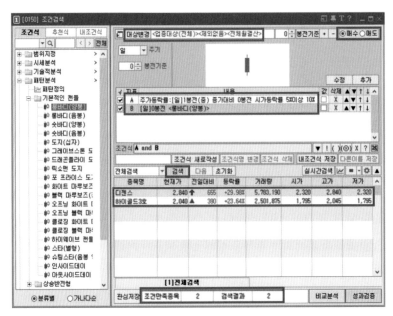

그림 2-8. 매수 조건식 작성

2-8
[기초] 매도 조건식 만들기

매도 조건식을 만드는 방법은 여러 가지가 있으나 지금은 가장 기본적인 방법을 적용하겠다. 매도 조건식의 작성은 매수 조건식에서 검출되는 종목 위주로 작성해야 한다. 특히, 종목 수가 많은 매도 조건식은 실시간 검색이 중단되므로 최대한 범위를 좁혀서 작성해야 하고 종목 손절값과 병행해서 사용해야 안전하다. 앞서 작성한 매수 조건식을 기준으로 종목이 검출되면 자동으로 매수하고 매도 조건이 충족되면 자동으로 매도하는 매도 조건식을 만들어 보자.

키움증권은 조건검색 종목이 100종목을 넘어가면 실시간 검색 지원이 되지 않으므로 항상 100종목 이내에서 검색되게 지표를 작성해야 한다. 매수조건이 금일 시가 등락률 5%~10% 이하로 한정되어 있으므로, 매도 조건식도 같은 지표로 검색된 종목들이 장대 음봉으로 전환되면 검출되어 매도되게 한다.

주의할 점은 조건식 작성 시 매도 조건식의 신호가 매도로 사용되어야 하므로 '매도'에 체크하고 B 지표 장대 음봉을 추가한다. '검색'을 클릭하면 당일 장대 음봉이 발생한 종목이 검출된다. 매수 조건식의 장대 양봉에 검색된 종목들을 매수하여 장대 음봉으로 하락하게 되면 매도가 되는 간단한 매도 검색식이다.

[지표 작성]

A : 주가등락률 : [일] 1봉 전(중) 종가대비 0봉 전 시가등락률 5% 이상 10% 이하

B : [일] 0봉 전 〈롱바디(음봉)〉

그림 2-9. 매도 조건식 작성

조건검색을 이용한 주식 자동매매 완전정복

3장

주식 투자 대가들의 기법을 조건식으로 구현하기

주식 투자 대가들의 기법을 조건식으로 만드는 방법을 안내하고, 실습을 통해 특정한 패턴과 차트를 분석하여 조건식으로 만들어 보는 연습을 한다.

3-1
래리 윌리엄스 단기 변동성
돌파 매매 전략을 조건식으로 만들기

　주식 투자 대가들의 핵심 투자 기법을 분석하여 데이 트레이딩에 적합한 조건식으로 구현한 후 자동매매에 접목하는 방법에 대해 실습한다. 이때 어떠한 전략인지 충분히 분석하는 과정을 거쳐야 좋은 조건식으로 구현할 수 있으며, 소개될 전략은 당일 매매에 적합하도록 응용하였으므로 창시자의 전략과는 다소 차이가 있다. 다음 예제는 기법을 어떤 식으로 만들어 나가는지에 대한 과정을 설명하기 위한 예시로, 수익에 대한 검증이 되지 않았으니 모의투자 테스트 용도로 활용하기 바란다.

래리 윌리엄스 단기 변동성 돌파 매매 전략

　기술적 투자 분야의 대가인 래리 윌리엄스가 사용한 전략 중 단기 트레이딩에 적합한 기법인 단기 변동성 돌파 매매 전략을 조건식으로 구현해 본다.

[전략에 대한 이해]

변동성이 큰 종목을 대상으로 해야 효과적이며, 추세 추종 전략으로 주가가 일정 가격을 돌파할 때 강한 추세가 형성되어 상승하는 원리를 이용한 기법이다. 일 단위로 청산하는 방법으로 빠른 수익 실현과 시장 리스크를 최소화한다.

[매매알고리즘]

1. 전일가격 최대범위(Range)=전일고가-전일저가
2. 매수시점=당일 시가+(Range*0.5)
3. 매도시점=당일 종가 청산, 익일 시가 청산, 적정 익절 손절 값에 의한 청산

[매수시점 계산 사례]

1. 전일 고가 : 10,000원 / 전일 저가 : 9,000원 / 당일 시가 : 9,500원에 형성된 경우
2. 전일가격 최대범위(Range) : 10,000원-9,000원=1,000원(10% 변동폭)
3. 매수 시점 : 당일 시가(9,500원)+Range*0.5(500원)=10,000원 돌파 시 매수 진입

[조건식 작성하기]

전략에 대한 분석을 완료하고 영웅문 4에서 다음과 같이 조건식을 작성한다. 지표를 찾기 어려운 경우 돋보기 왼쪽 창에 '주가비교'를 입력하고 돋보기를 클릭하자. A 지표는 전일 상봉으로 마감된 종목을 고르기

위한 지표이므로 다음과 같이 입력하고 '추가' 버튼을 클릭한다.

[지표 작성]

A : 주가비교 : [일] 1봉 전 시가〈 1봉 전 종가

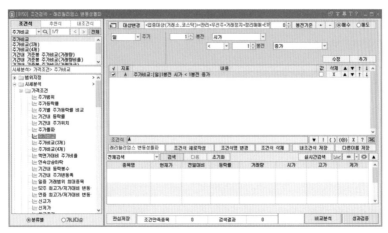

그림 3-1. 래리 윌리엄스 주가비교

B 지표는 '주가등락률'로 전일 변동성이 있었던 종목을 검색하기 위해 고가등락률을 7% 이상으로 설정하였다. A+B 지표의 의미는 전일 상승해서 마감하고 저가 대비 7% 이상의 고점을 기록한 종목을 검색한다는 의미이다.

[지표 작성]

A : 주가비교 : [일] 1봉 전 시가〈 1봉 전 종가

B : 주가등락률 : [일] 1봉 전(중) 저가대비 1봉 전 고가등락률 7% 이상

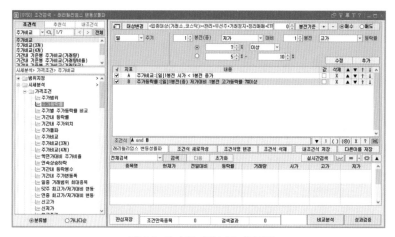

그림 3-2. 래리 윌리엄스 주가등락률

C 지표는 당일 상승하는 종목을 고르기 위해 종가가 시가보다 위에 있는 종목을 검색하기 위함이다.

[지표 작성]

A : 주가비교 : [일] 1봉 전 시가 〈 1봉 전 종가

B : 주가등락률 : [일] 1봉 전(중) 저가대비 1봉 전 고가등락률 7% 이상

C : 주가비교 : [일] 0봉 전 시가 〈 0봉 전 종가

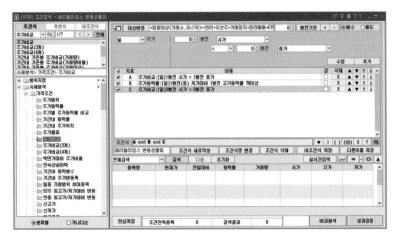

그림 3-3. 래리 윌리엄스 당일 주가비교

D 지표는 이 조건식의 핵심 지표로, 래리 윌리엄스의 매매알고리즘을 표현하였다. 특정 기법을 조건식으로 완벽하게 구현하기는 어렵다. 예제를 바탕으로 본인이 고민해 보고 수정하면서 좋은 결괏값이 나오는 지표를 찾아보자.

[지표 작성]

A : 주가비교 : [일] 1봉 전 시가 < 1봉 전 종가

B : 주가등락률 : [일] 1봉 전(중) 저가대비 1봉 전 고가등락률 7% 이상

C : 주가비교 : [일] 0봉 전 시가 < 0봉 전 종가

D : 1봉 전 저가고가 폭 대비 0봉 전 시가종가 폭의 비율이 50% 이상 60% 이하

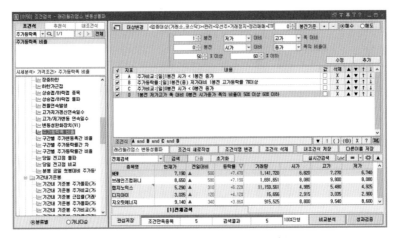

그림 3-4. 래리 윌리엄스 주가 등락 폭 비율

지표 작성을 완료하면 조건식을 저장하고 검색 버튼을 클릭하여 어떤 종목이 검출되는지 확인하자. 또한 차트를 통해 내가 의도한 대로 작성이 되었는지 검증해야 한다.

다음 그림은 검색된 종목 중 'NEW'의 차트다. 전일 양봉으로 마감 후 변동폭이 있었고, 금일 양봉에 시가 대비 전일 변동폭의 50% 이상이 상승한 모습으로 검색되었으므로 조건식이 제대로 작성되었음을 보여 준다. 검색된 종목의 차트를 비교해보고 검증 절차가 끝났으면 조건식을 번개트레이더에 장착하고 전략 설정을 하여 모의투자로 테스트를 진행하면 된다.

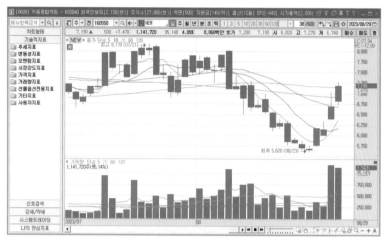

그림 3-5. 래리 윌리엄스 결과 차트

출처 : 코스콤

그림 3-6. 래리 윌리엄스 실시간 검색 화면

　　　　　　　　　　조건검색을 이용한 주식 자동매매 완전정복

3-2
니콜라스 다비스 박스권 매매기법을
조건식으로 만들기

니콜라스 다비스 박스권 매매 전략

1950년대에 태어난 헝가리 무용수 출신의 아마추어 투자자인 니콜라스 다비스는 박스권 돌파 매매로 25,000%의 수익을 거둔 '박스이론'의 창시자다. 주가가 일정한 박스 형태로 횡보하다가 거래량이 터지며 박스 상단을 돌파하면 매수하는 기법이다. 워낙 속임수 상단 돌파가 많아 하향 돌파 시 매도하고 한 단계 위로 쌓인 박스권이 유지되면 홀딩하여 이익을 극대화하는 전략이다.

이번에는 니콜라스 다비스의 박스이론을 응용하여 당일 매매가 가능한, 3분봉을 이용한 박스권 돌파 매매 조건식을 만들어 볼 것이다. 다음 그림을 보면 3분봉 차트상에 박스가 두 개 쌓여 있다. 하단 박스는 횡보 중이고 상단을 돌파해 큰 시세가 나오며 상단 박스를 유지하고 있다. 매수 시점은 횡보하던 박스권에서 거래량이 터지며 하단 박스의 고점을 돌파하는 순간이다.

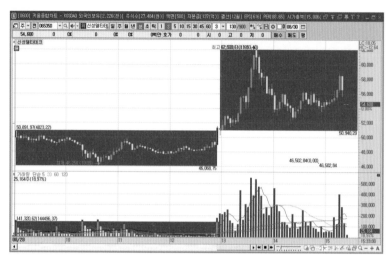

그림 3-7. 다비스 박스이론
출처 : 코스콤

다음 같이 지표 4개를 작성해 보자. 이번 지표는 선택하고 수정해야 하는 부분이 많으므로 주의하여 그림과 같게 작성하길 바란다. 사용된 지표는 기간 내 주가변동폭, 기간 내 기준봉, 주가돌파(거래량), 기간 내 거래량비율, 주가이평비교(3개)이다.

[지표 작성]

A : 기간 내 주가변동폭 : [3분] 0봉 전까지 10봉간 최고최저폭 0% 이상 3% 이하

조건검색을 이용한 주식 자동매매 완전정복

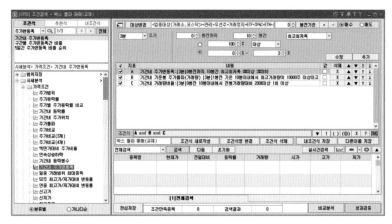

그림 3-8. 다비스 주가변동폭

[지표 작성]

A : 기간 내 주가변동폭 : [3분] 0봉 전까지 10봉간 최고최저폭 0% 이상 3% 이하

B : 기간 내 기준봉 주가돌파(거래량) [3분] 1봉 전 기준 10봉 이내에서 최고거래량
이 10,000주 이상이고 기준봉 고가를 0봉 전 종가가 상향돌파

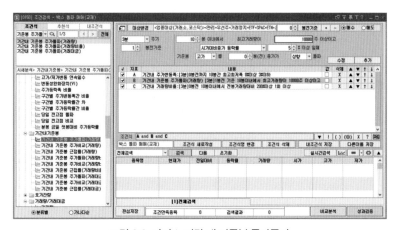

그림 3-9. 다비스 기간 내 기준봉 주가돌파

[지표 작성]

A : 기간 내 주가변동폭 : [3분] 0봉 전까지 10봉간 최고최저폭 0% 이상 3% 이하

B : 기간 내 기준봉 주가돌파(거래량) [3분] 1봉 전 기준 10봉 이내에서 최고거래량

이 10,000주 이상이고 기준봉 고가를 0봉 전 종가가 상향돌파

C : 기간 내 거래량비율 : [3분] 0봉 전 10봉 이내에서 전봉거래량 대비 200% 이상

1회 이상

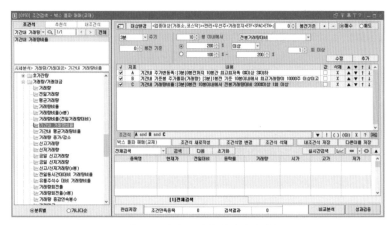

그림 3-10. 다비스 기간 내 거래량 비율

[지표 작성]

A : 기간 내 주가변동폭 : [3분] 0봉 전까지 10봉간 최고최저폭 0% 이상 3% 이하

B : 기간 내 기준봉 주가돌파(거래량) [3분] 1봉 전 기준 10봉 이내에서 최고거래량

이 10,000주 이상이고 기준봉 고가를 0봉 전 종가가 상향돌파

C : 기간 내 거래량비율 : [3분] 0봉 전 10봉 이내에서 전봉거래량 대비 200% 이상

1회 이상

D : 주가이평비교(3) : [일] 0봉 전 종가 1 >= 종가 10, 종가 1 >= 종가 20, 종가 1 >=

종가 60 1회 이상

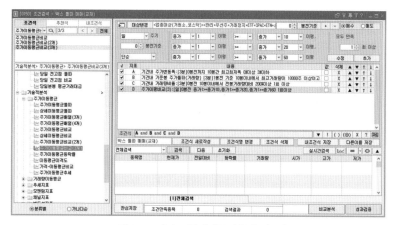

그림 3-11. 다비스 주가이동평균비교(3개)

열심히 만들어 HTS에서 실시간 검색을 해 보니 하루 종일 한 종목도 올라오지 않는다. 지표 작성을 잘못한 것이다. 다음과 같이 지표를 수정하고 추가해서 완성하였다.

[지표 수정 및 추가]

A : 기간 내 주가변동폭 : [3분] **1봉 전까지** 10봉간 최고최저폭 0% 이상 3% 이하

B : 기간 내 기준봉 주가돌파(거래량) [3분] 1봉 전 기준 10봉 이내에서 최고거래량이 **1,000주 이상**이고 기준봉 고가를 0봉 전 종가가 상향돌파

C : 기간 내 거래량비율 : [3분] 0봉 전 10봉 이내에서 전봉거래량 대비 200% 이상 1회 이상

D : 주가이평비교(3) : [일] 0봉 전 종가 1 >= 종가 10, 종가 1 >= 종가 20, 종가 1 >= 종가 60 1회 이상

E : [일] 0봉 전 5봉 평균거래량 1,000,000 이상 999999999 이하

F : [일] 거래량 : 1,000,000 이상 99999999 이하

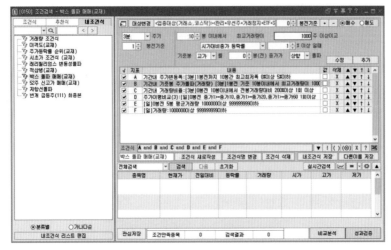

그림 3-12. 박스 돌파 매매 조건식 수정

그림 3-13. 박스 돌파 매매 실시간 검색

조건검색을 이용한 주식 자동매매 완전정복

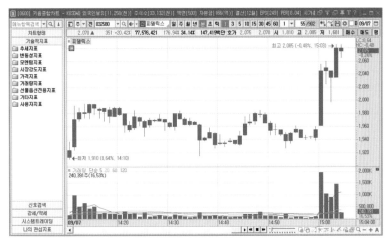

그림 3-14. 박스 돌파 매매 실시간 차트 1
출처 : 코스콤

실시간 검색에 올라온 종목이 급등한 화면이다. 검색되는 종목의 차트가 자신이 만든 조건식대로 검출이 되는지 확인하는 과정도 상당히 중요하다.

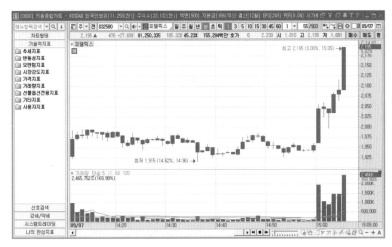

그림 3-15. 박스 돌파 매매 실시간 차트 2
출처 : 코스콤

3-3
특정한 패턴을 조건식으로 만들기(적삼병)

적삼병이란 저점과 고점을 높이는 3개의 양봉이 연속해서 출현하는 경우를 말한다. 강한 추세가 형성되어 주가가 요동치는 부분이며, 적삼병 출현 후 강한 상승을 보이거나 일정 기간 조정을 거친 후 강력한 시세를 분출하는 때도 있다.

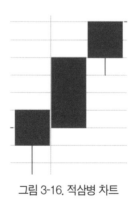

그림 3-16. 적삼병 차트

양봉이 세 개가 출현하는 적삼병 패턴을 응용해 보자. 3분봉에서 적삼병이 완성되기 전 주가가 움직임을 보일 때 매수하는 조건식을 만들어

볼 것이다. 본 기법은 적삼병이 완성된다는 가정하에서 출발한다. 적삼
병이 완성되지 않거나 실패하는 경우는 전략 설정으로 대응하여 손절하
여야 한다. 이제 여러분은 조건식 지표를 찾아 입력하는 데 어느 정도 익
숙해졌으니 다음과 같이 주가등락률, 평균거래량, 주가범위, 거래량, 주
가등락률 등의 5개 지표를 찾아 조건식을 완성하면 된다.

지금까지 작성된 대부분의 조건식은 일봉(하루) 기준으로 작성하였으
나 이번 조건식은 3분봉을 기준으로 작성하였으므로 다음과 같이 '3분
주기'를 꼭 선택해야 한다.

[지표 작성]

A : 주가등락률 : [3분] 1봉 전(중) 종가대비 0봉 전 종가등락률 1.5% 이상

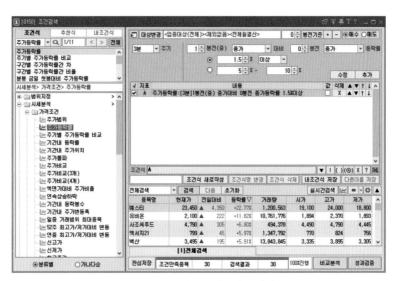

그림 3-17. 석삼병 수가등락률 삭성

[지표 작성]

A : 주가등락률 : [3분] 1봉 전(중) 종가대비 0봉 전 종가등락률 1.5% 이상

B : [일] 0봉 전 5봉 평균거래량 1,000,000 이상 999999999 이하

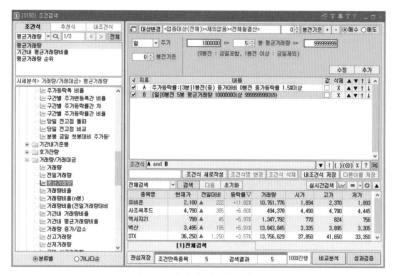

그림 3-18. 적삼병 평균거래량 작성

[지표 작성]

A : 주가등락률 : [3분] 1봉 전(중) 종가대비 0봉 전 종가등락률 1.5% 이상

B : [일] 0봉 전 5봉 평균거래량 1,000,000 이상 999999999 이하

C : 주가범위 : 0일 전 종가가 1,000 이상 200,000 이하

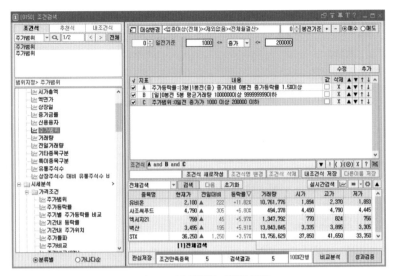

그림 3-19. 적삼병 주가범위 작성

[지표 작성]

A : 주가등락률 : [3분] 1봉 전(중) 종가대비 0봉 전 종가등락률 1.5% 이상

B : [일] 0봉 전 5봉 평균거래량 1,000,000 이상 999999999 이하

C : 주가범위 : 0일 전 종가가 1,000 이상 200,000 이하

D : 주가등락률 : [일] 1봉 전(중) 종가대비 0봉 전 종가등락률 7.1% 이상 19.999%

이하

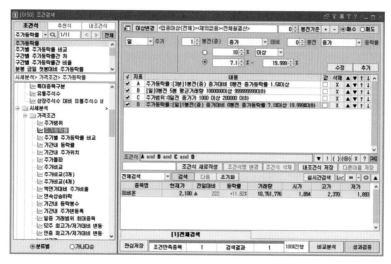

그림 3-20. 적삼병 주가등락률1 작성

위와 같이 작성하고 '내조건식 저장'을 클릭하여 적삼병 조건식을 저장하자. 검색을 해 보면 1~2종목이 검색된다. 장 마감 후엔 종가 기준으로 상승한 종목이 검색되어 정확한 검증이 어려우므로 장중에 실시간으로 검색하여 확인하자.

완성된 조건식은 번개트레이더 매수 조건식에 장착할 수 있다. 이제 전략 설정을 하고 모의투자로 테스트를 진행하며 조건식 지표와 전략 수정을 통해 개선하면 된다.

그림 3-21. 적삼병 실시간 검색

3-4
차트를 분석하여 조건식으로 만들기
(52주 신고가)

1년 중 가장 높은 고가를 돌파하는 52주 신고가 차트를 보고 조건식으로 만들어 보자. 신고가 종목은 많은 투자자가 관심이 있으므로 호재와 함께 시세를 분출하는 경우가 많으나 요즘은 속임수 돌파도 많아 손절 설정은 필수다. 아래의 차트는 1년 넘게 횡보하던 종목이 52주 신고가를 돌파하면서 엄청난 시세를 분출한 모습이다.

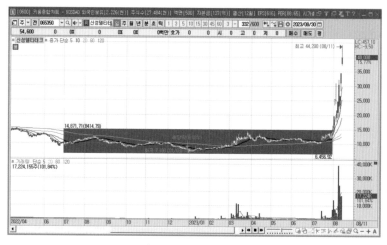

그림 3-22. 52주 신고가 차트

신고가 매매도 박스권 돌파 매매랑 기간 설정의 차이만 있지 크게 다르지 않다. 기간을 1년(52주)으로 설정하고 1년 동안의 최고가를 돌파하는 순간 매수를 하게 된다. 이때는 당연히 거래량도 기존과는 비교가 안될 정도로 폭증하게 된다. 52주 신고가 매매에 사용되는 지표는 주가범위, 신고가, 거래량, 주가비교로 52주 신고가에 다다르고 거래량이 30만주 이상, 당일 시가보다 현재가가 높은 위치에 있는 종목을 검출하는 간단한 조건식이다. 지표를 작성하는 설정 화면을 보면 여러 가지 옵션이 있어 수정하면서 다양한 방식으로 활용할 수 있다. 여기서는 구체적인 옵션의 설정은 생략하고 기본적인 구현 방법만 제시한다. 앞서 여러 번 나오는 지표는 그림을 생략하고 새로운 지표만 그림을 보며 작성한다.

[지표 작성]

A : 주가범위 : 0일 전 종가가 1,000 이상 999999999 이하

B : 신고가 : [주] 0봉 전 종가가 52봉 중 신고가

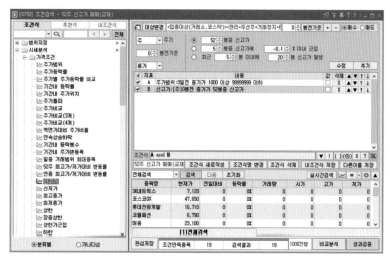

그림 3-23. 52주 신고가 지표 작성

[지표 작성]

A : 주가범위 : 0일 전 종가가 1,000 이상 999999999 이하

B : 신고가 : [주] 0봉 전 종가가 52봉 중 신고가

C : [일] 거래량 : 300,000 이상 999999999 이하

D : 주가비교 : [일] 0봉 전 시가〈 0봉 전 종가

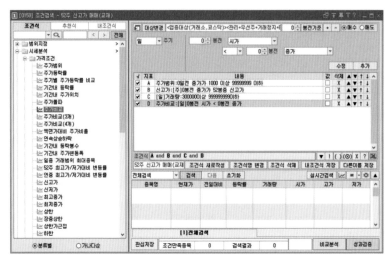

그림 3-24. 52주 신고가 주가비교

조건식을 모두 작성하고 저장하여 실시간 검색을 해 보면 신고가에 해당하는 종목들이 다수 검출된다. 신고가 매매는 당일 현재가가 52주 신고가에 해당되는 종목이 기본으로 검출된다. 이때 신고가 부근의 공방이 치열하므로 단기적인 관점에서 접근하는 것도 현명한 방법이다. 모든 조건식은 한 번에 완성하기 어렵다. 만들고 검증하고 수정하는 일을 반복하면서 조건식과 전략을 만들어 가야 한다.

그림 3-25. 52주 신고가 실시간 검색 결과

지금까지 자동매매 시스템을 갖추기 위한 가장 기본적인 조건식 작성 방법과 성과검증에 대해 알아보고 대가들의 투자 기법을 조건식으로 구현하는 방법도 알아보았다. 이제부터 본격적으로 자동매매 시스템 구축을 위한 프로그램 설치과정에 대해 알아보기로 한다.

프로그램 설치과정은 이번 한 번으로 끝이 난다. 이 과정이 지나면 조건식과 전략 설정값 연구에만 집중하면 된다. 처음 한 번의 설치로 자동매매 시스템을 1년 365일 자동으로 돌아가게 구축할 수 있다.

4장

주식 자동매매
준비하기

가장 기초적인 준비사항부터 필수프로그램 설치, 자동매매 프로그램에서 매수 조건식으로 사용되는 조건검색의 작성 방법 등을 반복해서 실습한다.

주식을 매매하는 방법으로는 HTS(홈 트레이딩 시스템), MTS(모바일 트레이딩 시스템)를 이용한 방법과 시스템 트레이딩 프로그램을 이용한 방법이 있으며 외국인, 기관, 큰손들은 자체적으로 개발한 시스템 트레이딩 프로그램을 적극적으로 활용하여 빠르고 정확한 수익을 창출하고 있다.

지금은 증권사에서 제공하는 Open API 덕분에 개인 투자자들도 시스템 트레이딩을 통한 손쉬운 매매가 가능해졌다. 물론 HTS에도 다양한 기능들이 있으나 종합적인 자동매매 도구로 사용하기에는 어려움이 많아 별도의 자동매매 프로그램이 생겨났다.

예전부터 선물, 옵션 쪽의 자동매매 프로그램은 수익을 떠나 많은 개발자가 뛰어든 분야였다. 그러나 선물, 옵션 쪽은 소자본 개인 투자자가 접근하기엔 여러 가지 위험성과 제한사항이 있으므로 개인 투자자들을 위한 주식 전용 자동매매 프로그램이 절실하게 되었다. 이에 2015

조건검색을 이용한 주식 자동매매 완전정복

년부터 각종 업체에서는 다양한 주식 전용 자동매매 프로그램을 선보여 일반 사용자들도 본격적인 시스템 트레이딩 대열에 합류할 수 있게 되었다.

그림 4-1. 시스템 트레이딩 개념도

4-1
자동매매 준비사항

시스템 트레이딩을 운용하려면 컴퓨터, 키움증권 계좌, 키움 Open API, 자동매매 프로그램, 인터넷 연결을 필수로 한다. 지금부터 차례대로 자동매매 시스템을 구축해 보자.

1. 데스크톱 컴퓨터, 노트북, 클라우드 서버 중 1대

어떠한 종류의 컴퓨터 든 상관없이 일단 1대를 준비하자. 추후 실전 매매 시 투자금이 많아지면 고사양 컴퓨터가 유리하겠지만, 연습 매매 단계에선 윈도우-10이 지원되는 최소한의 컴퓨터로도 가능하다. 권장 컴퓨터 사양은 다음과 같다.

- O/S : 윈도우-10 이상
- CPU : Intel Core i3, 7세대 이상
- RAM : 8GB 이상
- SSD : 250GB 이상
- 인터넷 : 100MB 이상 권장

조건검색을 이용한 주식 자동매매 완전정복

2. 키움증권 계좌 1개(대면, 비대면 개설 가능)

· 가까운 은행에서 신분증 지참 후 '키움증권 연계 계좌'를 신청한다.
· 키움증권 홈페이지에서 '비대면 계좌 스마트폰 신청'을 통해 은행 방문 없이도 신청할 수 있다. (신분증과 영상 통화용 스마트폰 준비)
· 키움증권 계좌는 한 달에 1개만 개설할 수 있으며, 추가 발급에 제한이 없다. (2017년 1월 기준)

3. 키움증권 ID 신청

키움증권 홈페이지 상단 메뉴에서 '계좌개설'을 클릭하여 스마트폰으로 계좌를 개설하면 키움 로그인 ID를 등록할 수 있다.

그림 4-2. 계좌개설 및 ID 등록

4. Open API 및 모의투자 신청

키움증권 홈페이지에서 Open API 사용 신청과 모의투자 신청을 완료해야 자동매매 프로그램 설치 후 곧바로 사용할 수 있다.

그림 4-3. Open API 신청 절차

Open API 신청 방법

① 키움증권 홈페이지 하단부에서 Open API를 클릭한다.

그림 4-4. Open API 신청

② '서비스 사용 등록/해지' 메뉴 클릭 후 키움 Open API 서비스 사용 신청을 완료한다.

조건검색을 이용한 주식 자동매매 완전정복

그림 4-5. Open API 신청하기

모의투자 신청 방법

홈페이지에서 '전체 메뉴'를 클릭하고 다음과 같이 '모의투자→상시모의투자→주식/선물옵션→상시모의투자'를 클릭하여 참가 신청을 완료한다.

그림 4-6. 모의투자 신청 들어가기

그림 4-7. 모의투자 참가 신청

상시모의투자는 최대 3개월까지 신청할 수 있으며 3개월 단위로 새로 신청하여야 한다. 모의투자에 사용하는 사이버 머니는 최대 5억 원까지 신청할 수 있다.

각종 프로그램을 설치하는 과정은 최초 한 번이면 끝이 나니 차분히 순서대로 설치하자. 다음부터는 컴퓨터만 켜 놓으면 자동으로 매매가 되는 새로운 세상이 펼쳐질 것이다. 위의 신청 절차를 모두 완료했다면 다음 장에서는 필수프로그램 설치과정을 안내한다.

TIP

컴퓨터 1대와 인터넷, 키움증권 계좌, 번개트레이더, 그리고 여러분의 열정이 주식 시장을 이기는 마법의 자동매매를 가능케 한다.

조건검색을 이용한 주식 자동매매 완전정복

4-2
필수프로그램 설치

아래 두 가지 프로그램은 자동매매 운용을 위한 필수적인 사전 설치 프로그램으로, 반드시 PC에 설치해야 한다.

- **키움증권 Open API+** : 자동매매 프로그램을 사용하기 위한 필수 API 모듈
- **키움증권 영웅문 4** : 조건검색을 작성하여 자동매매 프로그램에 활용하기 위한 HTS

1. 키움증권 Open API+ 설치

2단계 OpenAPI+ 모듈 다운로드 및 설치

- 사용 신청 후 키움 Open API+ 모듈을 다운로드 하여 설치합니다.

키움 Open API+ 모듈 다운로드

그림 4-8 키움 Open API+ 모듈 다운로드

키움 홈페이지 하단부에서 Open API 클릭 후 '서비스 소개' 페이지에서 키움 Open API+ 모듈을 다운로드하여 설치한다.

2. 키움증권 영웅문 4 설치

이미 영웅문 4가 설치되어 있다면 이 순서를 건너뛰고 이전의 Open API+만 설치하면 된다. 설치가 안 되어 있는 경우 다음과 같이 영웅문 4를 설치할 수 있다. 키움증권 홈페이지 상단의 다운로드 메뉴→영웅문 4 다운로드

그림 4-9. 영웅문 4 다운로드

3. 멀티 로그인 신청(화면번호 1289)

키움증권 영웅문 4를 실행하고 반드시 설정해야 하는 옵션은 '멀티 로

조건검색을 이용한 주식 자동매매 완전정복

그인'인데, 이를 통해 자동매매 프로그램을 실행하면서 동시에 HTS와 MTS로 다중 로그인이 가능하기 때문이다. 신청하지 않으면 두 번째 프로그램이 실행될 때 처음 접속한 프로그램의 통신이 끊기니 유의하자.

영웅문 실행 후 왼쪽 위 검색창에 '1289'를 입력하여 띄운 다음의 창에서 멀티 로그인 신청이 가능하다.

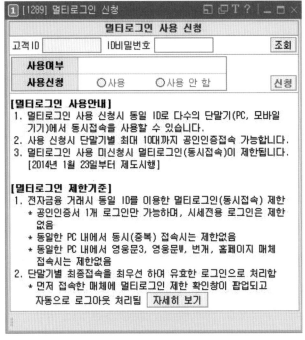

그림 4-10. 멀티 로그인 신청

4-3
자동매매 프로그램 설치

여러분이 사용할 시스템 트레이딩 프로그램은 '번개트레이더'로 개발 사의 네이버 카페에 회원 가입만 하면 평생 무료로 사용할 수 있다.

· 카페 주소 https://cafe.naver.com/buntstock(혹은 네이버에 '번개트 레이더' 검색)
  - 실습용 프로그램의 다운로드는 위 카페의 다운로드 게시판에서 가 능하다.

· 파일명 : Bunt_Setup.exe
· 설치 경로 :
  - 32비트 운영체제 C:₩Program Files₩Bunt_Mini
  - 64비트 운영체제 C:₩Program Files(x86)₩Bunt_Mini

· 번개트레이더 회원별 투자금 한도(모든 기능은 동일)
  - 무료회원 : 모의투자 종목당 1,000만 원, 소액 실전 매매 100만 원

조건검색을 이용한 주식 자동매매 완전정복

- 유료회원 : 모의투자 종목당 1,000만 원, 실전 매매 3,000만 원~1억 원

설치과정 안내

설치과정은 윈도우10 기준이며, 버전별로 경고 메시지나 실행 방법이 다르나 일단 무시하고 설치를 진행한다. 우선 번개트레이더 카페의 '다운로드' 게시판에서 '[배포] 번개트레이더 최신 버전' 게시글을 클릭하여 다운로드 한다.

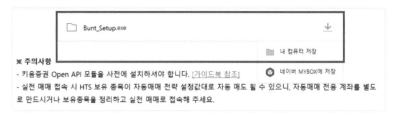

그림 4-11. 번개트레이더 카페 다운로드 게시글

이후에는 아래의 화면처럼 '다음(N)'을 계속 클릭한다.

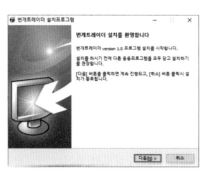

그림 4-12. 번개트레이더 설치 시작

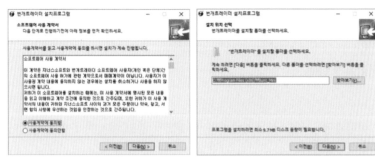

그림 4-13. 사용계약서 동의   그림 4-14. 설치 경로 선택

그림 4-15. 바로가기 폴더 선택   그림 4-16. 바로가기 옵션 선택

그림 4-17. 설치 정보 안내   그림 4-18. 설치 완료 화면

설치가 끝나면 바탕화면에 '번개트레이더', '번트맨' 아이콘이 생긴다. 번개트레이더 아이콘을 더블 클릭하면 자동매매 프로그램이 실행된다.

조건검색을 이용한 주식 자동매매 완전정복

그림 4-19. 번개트레이더 아이콘 생성

번개트레이더는 자동매매를 하는 메인 프로그램이다. 번트맨(번트 매니저의 약자)은 스케줄 관리 프로그램으로 번개트레이더를 자동으로 실행해 주고 종료해 주며, 저장된 여러 가지 전략을 설정한 시간대별로 순차적인 실행을 하는 역할도 겸한다. 프로그램이 실행되면서 최신 버전으로 업데이트하는 알림창이 뜨면 Yes를 클릭한다.

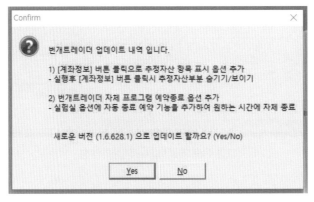

그림 4-20. 업데이트 팝업 창

드디어 번개트레이더 실행화면(스플래시 스크린)이 나타나며 곧이어 키움 Open API 로그인 창을 만나게 된다.

그림 4-21. 번개트레이더 스플래시 스크린

그림 4-22. 키움 Open API 로그인 창

　키움 Open API 로그인 창이 나타났다면 본인의 키움증권 ID와 비밀
번호를 입력 후 '모의투자 접속'에 체크하고 로그인한다. 최초 업데이트
시 어느 정도의 시간이 소요되며, 업데이트가 진행된 후에 '버전 처리' 안
내창이 뜬다. 하지만 절대로 해당 팝업창의 확인 버튼을 먼저 누르면 안
된다.

　　　　　　　　　　　　조건검색을 이용한 주식 자동매매 완전정복

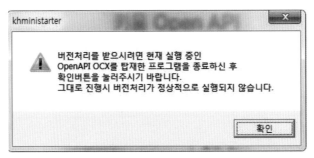
그림 4-23. 버전 처리 팝업창

우선 '버전 처리' 팝업창은 그대로 두고, 번개트레이더를 먼저 종료한 후에 팝업창의 확인 버튼을 누르면 오류 없이 완료된다. 버전 처리(업데이트)가 정상적으로 완료됐다면 '번개트레이더 바로가기 아이콘'을 더블클릭하여 번개트레이더 실행이 가능하다.

4-4
조건검색식 만들기

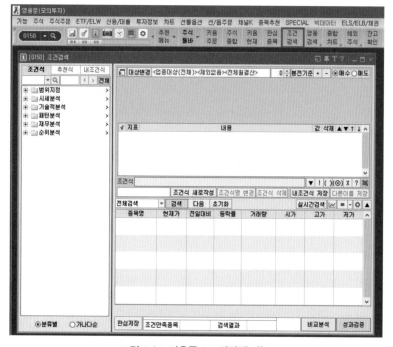

그림 4-24. 영웅문 4 조건검색 메뉴

모든 설치과정이 끝나면 자동매매 프로그램을 실행하기 전에 '조건검

조건검색을 이용한 주식 자동매매 완전정복

색식'을 준비해야 한다. 이때 키움증권의 HTS인 영웅문 4를 이용하여 조건검색식을 만드는 이유는 자동매매 프로그램에서 자동으로 종목을 검출해 주는 종목 검색기로 사용하기 위해서다. 키움증권 영웅문 4를 실행하여 아주 간단한 지표를 작성해 보자.

영웅문 4 상단 메뉴에서 조건검색을 클릭하여 조건검색을 실행하자.

조건검색 창에서 '대상변경' 메뉴를 클릭하여 거래소, 코스닥 체크 후 다음과 같이 제외 대상을 체크(관리종목, 투자경고/위험, 우선주, 거래정지, 정리매매, ETF, 스팩, ETN)하고 확인을 클릭한다.

그림 4-25. 영웅문 4 대상변경

이제 기본적인 지표를 작성할 차례이다. 좌측 메뉴에서 시세분석(더블 클릭)→가격조건(더블 클릭)→주가범위(클릭)→1,000원~100,000원 사이로 정하고→추가 클릭

[지표 작성]

A : 주가범위 : 0일 전 종가가 1,000 이상 100,000 이하

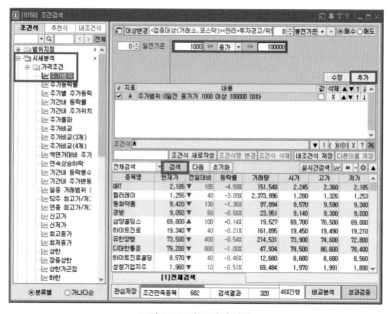

그림 4-26. 지표 작성 방법

지표 A를 추가하고 작성한 지표에 해당하는 종목을 검색하면 682개의 종목이 검출된다. 이렇게 영웅문 4에서 조건검색식을 작성하고 저장해야만 자동매매 프로그램에서 불러와 매매가 가능하다. 저장하는 방법은 다음과 같다.

조건검색을 이용한 주식 자동매매 완전정복

내조건식 저장→저장할 조건명 작성→확인(내조건식 탭에 저장)

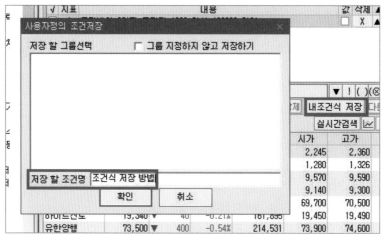

그림 4-27. 작성한 조건식 저장

[주의]

번개트레이더가 실행 중일 때 영웅문 4에서 조건검색식을 수정하거나 새로 작성한 내용은 즉시 반영이 불가하다. 해결 방법은 번트를 재실행하는 것이다. 재실행 시 수정된 내용이 반영되어 추가된 검색식을 번트에서 선택할 수 있다.

간단한 조건식 만드는 과정을 마쳤으나 682개의 종목이 검출되면 자동매매용 매수 조건식으로 사용이 불가능하다. 자동매매용으로 사용하기 위해선 20개 이내로 종목이 검출되게 지표를 추가하고 값을 수정하는 작업이 필요하다. 이제 지표를 여러 개 사용하여 실제로 자동매매 프로그램에서 사용 가능한 매수 조건식을 만들어 보자.

[실습] 수급 단타 돌파 매매기법

우선 기본적인 매매기법을 정리하여 조건식으로 구현할 준비를 한다.

[지표 작성]

A. 대상변경→관리종목, 우선주, 기타 비우량주 제외

B. 범위지정(시가총액)→시가총액 1조 5천만 원 이하

C. 시세분석(거래량/거래대금)→거래량 1백만 주 이상

D. 시세분석(거래량/거래대금)→거래대금 30억 원 이상

E. 시세분석(가격조건→주가범위)→종가가 1,000원~50,000원 이하

F. 가격조건(최고종가)→25봉 중 최고종가 -3% 이내 근접

G. 가격조건(신고가)→년 중 신고가

H. 기술적분석(주가이동평균→주가이동평균 배열 3개)→정 배열 종목

I. 시세분석(거래량/거래대금→전일동시간대대비 거래)→전일동시간대 대비 거래량비율 200% 이상

J. 외인 수급 지속성 지표

K. 기관 수급 지속성 지표

L. 실시간 수급 유입 지표

M. 매수매도 잔량비(매도 잔량이 많을 때 주가 상승 가능성이 높음)

N. 최우선 호가 잔량비(충분한 호가 형성 여부 확인)

O. 프로그램매매 동향 지표(키움 불가)

대략 이런 식으로 기법에 대해 정의하고 조건식 지표를 찾아 추가한다. 이때 찾는 지표가 키움증권에서 제공되지 않을 수 있으며, 특히 수급 매매와 관련된 지표는 매우 부족한 편이다. 비슷하게 구현할 다른 지표를 찾아 활용하여 만드는 수밖에 없다. 이제 본격적으로 조건식을 작성해 보자.

조건식 새로 작성→대상변경→거래소, 코스닥 종목 중 제외 종목 체크 (관리종목, 투자 경고/위험, 우선주, 거래정지, 투자주의, 환기 종목, 정리매매, 불성실 공시기업, 단기 과열 종목, ETF, 스팩, ETN) 후 확인 클릭

그림 4-28. 조건식 새로 작성, 대상변경 방법, 검색 버튼 위치

다음으로는 시가총액을 지정한다.

범위지정→시가총액→1조 5천억 원 '이하'→추가

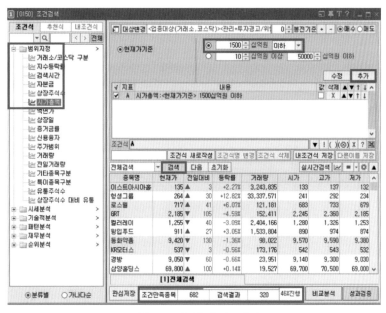

그림 4-29. 시가총액 지표 추가

현 지표로 검색했을 때 어떤 종목이 올라오는지 '검색' 버튼을 클릭하여 확인한다. 총 682개의 종목이 검색되었다. 단계별로 지표를 추가하면 '조건 만족 종목'의 수는 줄어들며 실시간 지표인 경우 종목이 하나도 뜨지 않는 경우가 생긴다. 때에 따라 하루에 한 종목도 검색되지 않을 수 있으며 실시간 지표는 직접 장중에 종목이 검색되는지 확인해야 한다.

TIP

차례대로 지표를 추가하여 종목들이 내 생각과 비슷하게 검색되는지 살펴보면서 지표를 조정하자.

다음은 검색식 지표로 가능한 범위에서 임시로 작성한 결과다.

그림 4-30. 조건식 임시 완성

이와 같이 계속 지표를 추가하고 완성한 후에는 반드시 '내조건식 저장' 버튼을 눌러 저장한다. 주의할 점은 키움증권의 조건검색식은 개인 PC에 저장되지 않고 키움증권 서버에만 저장된다는 것이다.

검색식 제작 과정을 완료하면 자동매매 프로그램을 실행하여 작성한 조건검색식을 선택하고 대응 전략을 수립하여 저장한 후 모의투자를 활용해 자동매매로 테스트하는 과정을 거친다. 이때 조건검색식과 설정값 수정 등의 과정을 반복적으로 진행하며 수익모델을 개발한다.

더 다양한 조건검색식을 작성하는 방법으로는 구글, 네이버, 유튜브 검색을 통해 상세히 배울 수 있으며 좋은 종목을 추려내는 검색식을 꾸준히 연구하여 자동매매 프로그램 운용 기술을 쌓아 가길 바란다.

조건검색을 이용한 주식 자동매매 완전정복

5장

자동매매 프로그램 다루기

자동매매 프로그램에서 전략을 설정하고, 모의투자로 가상 매매를 하며 프로그램을 익히는 과정을 안내한다.

5-1
자동매매 프로그램 실행

시스템 트레이딩을 처음 접하는 경우 자동매매 프로그램을 준비하고 최초로 접속하여 설정하는 과정이 복잡할 수는 있으나, 처음 한 번만 설정하면 다음부터는 자동으로 진행되어 편리하게 사용할 수 있다. 이제 번개트레이더를 실행해 보자.

① 번개트레이더 실행 시 키움 Open API 업데이트(버전 처리)가 진행된다.

② 업데이트 완료 후 번개트레이더를 재실행한다.

③ 주의할 점으로는 키움 Open API 업데이트는 수시로 진행되는데, 자동 로그인을 사용할 때는 업데이트가 반영되지 않을 수 있다. 이 때 한 달에 한 번 정도 수동 로그인을 하여 업데이트해 줌으로써 혹시나 일어날 오류를 방지할 수 있다.

조건검색을 이용한 주식 자동매매 완전정복

1. 키움증권 로그인 진행 과정

번개트레이더를 처음 실행하면 키움증권에서 제공하는 키움 Open API 로그인 창이 뜬다. 모의투자 접속은 공인인증서가 필요 없으며, '모의투자 접속'에 체크를 해제하면 실전 매매로 접속된다. 최초 로그인 시 '모의투자 접속'에 체크하고 키움 ID와 비밀번호를 입력하여 로그인한다.

그림 5-1. 모의투자 접속 체크

처음으로 로그인하면 다음과 같이 '계좌 비밀번호'를 입력하라는 안내 창이 뜬다.

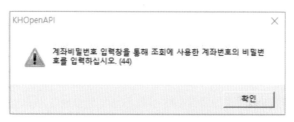

그림 5-2. 비밀번호 입력 안내창

확인을 누르고 잠시 기다리면 '계좌 비밀번호 입력' 창이 뜬다. 이때 모의투자 계좌 비밀번호인 0000을 입력한다. 실전 매매일 경우 개인 계좌 비밀번호 4자리 숫자를 입력한다. 비밀번호를 입력했으면 등록 버튼을 누르고 닫기를 클릭한다. 이때 자동매매 프로그램 계좌정보에 '추정자산/주문 가능액'이 나오면 정상적인 접속이 이루어진 것이다.

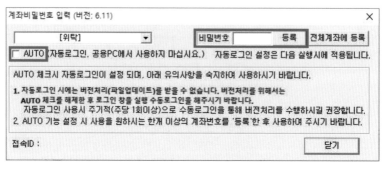

그림 5-3. 계좌 비밀번호 입력 창

그림 5-4. 정상 접속 계좌정보

　　　　　　　　　　　조건검색을 이용한 주식 자동매매 완전정복

2. 자동 로그인에서 수동 로그인으로 바꾸는 방법

　계정을 한 개만 사용할 경우 자동 로그인으로 편리하게 사용이 가능하다. 그런데 같은 PC에서 자동매매 프로그램을 여러 개 테스트하고 싶을 때는 동일 명의의 다른 ID로 로그인해야 하므로 자동 로그인을 해제하지 않으면 여러 개의 계정을 사용할 수 없다.

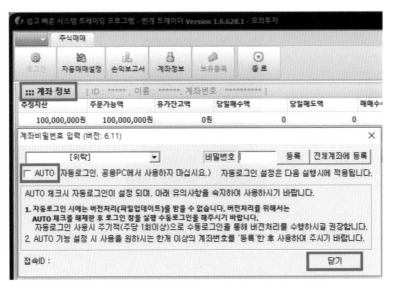

그림 5-5. 번개트레이더에서 계좌정보 더블 클릭 후 체크 해제하기

이때 자동 로그인을 해제하려면 '계좌 비밀번호 입력' 창을 띄워야 한다. 해당 창을 띄우는 방법은 두 가지가 있다. 첫 번째로는 그림 5-5와 같이 번개트레이더에서 '계좌정보'를 더블 클릭하면 된다. 이후에는 AUTO 버튼에 체크를 해제하자.

두 번째 방법으로는 번개트레이더를 실행하여 자동 로그인이 완료되면, 숨겨진 아이콘 표시(트레이)에서 키움 비밀번호 입력창을 표시한 후 AUTO의 체크를 해제하는 방법이다.

바탕화면 우측하단→트레이→그림 5-6 아이콘을 찾아 마우스 우클릭 →AUTO 체크 해제

그림 5-6. 트레이에서 계좌 비밀번호 입력 창을 여는 법

이후로는 수동 로그인을 사용하여 여러 개의 번개트레이더를 실행할 수 있다. (최대 개수는 컴퓨터 성능에 따른다.)

3. 중요 업데이트 진행 방법

키움증권에서 Open API 중요 업데이트가 발생하면 아래와 같은 팝업 메시지가 뜨게 된다. 이때 해당 팝업창은 그대로 두고 반드시 번개트레이더를 먼저 종료한 후 팝업창의 확인 버튼을 누른다. (확인 버튼을 먼저 누르면 업데이트가 실패한다.)

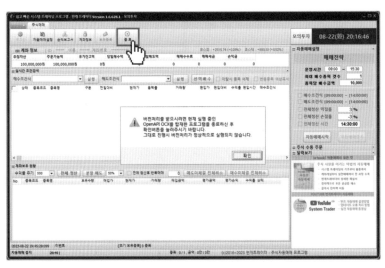

그림 5-7. 버전 처리 방법

이후에는 버전 처리(업데이트)가 진행되고 버전 처리가 완료되었다는 메시지가 뜬다. 확인 버튼을 클릭하고 다시 번개트레이더를 실행하자.

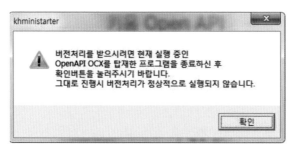

그림 5-8. 버전 처리 팝업 창

그림 5-9. 버전 처리 완료 창

중복 로그인 안내

계좌가 1개인 경우 키움증권의 정책상 동일 ID의 중복 로그인을 허용하지 않는다. 다만 멀티 로그인이 신청되었을 경우 자동매매 프로그램, HTS, MTS의 동일 ID 중복 로그인이 허용된다. 아래는 동일 ID 중복 로그인에 대한 안내이다. (2020년 12월 10일 기준)

· 실전투자 + 모의투자 가능

· 모의투자 + 모의투자 불가능

· 실전투자 + 실전투자(다른 ID 가능)

· 실전투자 + 실전투자(동일 ID 불가능)

실전투자는 동일 ID 중복 로그인이 불가능하며 나중에 실행된 프로그램만 정상적으로 작동한다. 모의투자도 동일 ID 중복 로그인이 불가능하다. 결과적으로 동시에 자동매매 프로그램을 여러 대의 컴퓨터에서 실행하려면 각각 다른 ID로 다른 계좌를 사용하여야 한다.

5-2
자동매매 기본 설정

조건검색식을 장착하고 기본 설정하기

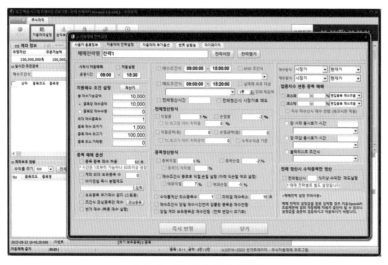

그림 5-10. 자동매매 전략 설정 창

　번개트레이더가 실행되면 최초에 한 번 영웅문 4에서 작성한 검색식
을 장착해야 자동매매가 가능하다. 번개트레이더를 실행하여 검색식 장

　조건검색을 이용한 주식 자동매매 완전정복

착과 세부적인 설정을 하게 되면 자동매매의 편리함을 마음껏 누리며 수익모델 개발에만 전념할 수 있다.

이제 본격적으로 기본적인 설정법에 대해 알아보자. 우선 '자동매매 전략 설정' 창을 열어야 한다.

번개트레이더 실행→메뉴에서 자동매매 설정 클릭

그림 5-11과 같이 영웅문 4에서 작성한 검색식을 '매수 조건식'으로 선택하여 해당 검색식이 작동하는 시간을 밀리초 단위까지 기록한다. (HH:MM:SS) 이때 체크박스에 반드시 체크를 해야 해당 기능이 작동하니 유의하자.

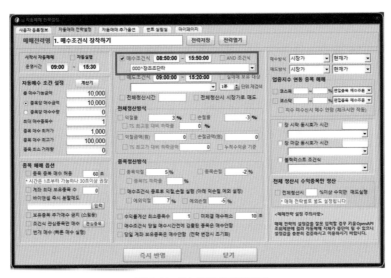

그림 5-11. 매수 조건식 장착하기

영웅문 4에서 작성한 매수 조건식을 선택하고 체크박스에 체크 후 시간 입력까지 완료했다면, 이제 다음과 같이 다른 필요 옵션에 체크를 하며 시간이나 수치를 설정해야 한다.

① 시작 시 자동매매를 자동 실행할지, '자동매매 시작' 옵션을 수동으로 클릭하여 실행할지 결정한다.

② 나의 검색식에 맞는 자동매매 운영시간을 08:50~15:40 등 구체적으로 입력한다.

③ 종목별 매수 금액과 당일 최대 매수 종목 수 등 본인이 원하는 기준 값을 입력한다.

④ 최대 매수 종목 수 : 매매 전략에 따라 하루 5종목~100종목 등 원하는 대로 설정한다.

⑤ 매수 조건식 : 09:00:00~15:10:00 등 매수 조건식이 작동되는 시간을 초 단위로 설정한다.

⑥ 당일 매도를 원칙으로 전체 청산 시간에 초 단위로 원하는 시간을 입력한다. (15:20:00)

⑦ 가장 기본적인 종목별 익절값 3%, 종목별 손절값 -3% 등 원하는 수치를 입력한다.

TIP

손절은 꼭 마이너스(-) 부호를 사용한다. 실수로 -를 사용하지 않으면 매수 후 바로 매도가 이루어진다.

조건검색을 이용한 주식 자동매매 완전정복

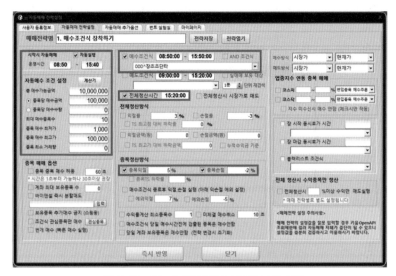

그림 5-12. 가장 기본적인 전략 설정을 마친 화면

처음엔 가장 기본적인 설정만 하여 내가 원하는 대로 작동하는지 테스트한다. 이는 프로그램에 익숙해지는 과정이며 이를 통해 안정적인 수익이 가능한 복합 설정으로의 진행이 가능해진다. 기본 설정을 마쳤다면 상단의 '전략저장' 버튼을 눌러 현재의 설정을 저장한다. 매매 전략 명을 원하는 대로 입력하고 '전략저장' 버튼을 누르면 여러 가지 전략을 각각 저장하여 간단하게 불러와 사용할 수 있다.

전략저장 후 번개트레이더를 재실행하거나 하단의 '즉시 반영' 버튼을 클릭해야 반영된 값으로 자동매매가 시작된다. 이렇게 기본적인 설정이 완료되면 자동매매 설정값으로 매일 자동매매가 진행된다.

그림 5-13. 전략 저장 및 즉시 반영

TIP

전략명 저장 시 특수기호는 사용할 수 없다.

[주의]

키움증권 서버는 매일 새벽 5시, 7시 전후로 서버 점검을 시행한다. 번개트레이더
가 24시간 실행 중이면 새벽 5시에 접속이 끊긴다. 이때는 작동되는 것처럼 보여도
통신이 끊긴 상태라 매매가 되지 않는다. 매일 아침 장 시작 전 8시~9시 사이에 번
개트레이더를 재실행해야 한다. 이때 번트맨(번개트레이더 매니저)을 사용하면 정
해진 시간에 자동으로 번개트레이더가 실행되고 정해진 시간에 자동으로 종료되
게 설정할 수 있다. 즉, 번트맨을 활용하면 컴퓨터가 켜져 있는 상태에서 24시간 중
단 없는 자동매매가 가능하다.

기본 설정을 완료 후 자동매매 시작하기

번개트레이더의 전략 설정은 단순해 보이지만 전략 조합을 위해서는 기능을 충분히 익혀야 제대로 발휘가 된다. 우선은 복잡한 설정은 피하고 정말 자동으로 매수가 되고 매도가 되는지 프로그램을 테스트해 보자. 처음 사용자는 최소한의 옵션 설정으로 기능을 익히며 구체적인 전략 설정은 천천히 하여야 한다.

- **전략저장** : 현재 설정값을 전략명과 함께 저장하여 여러 가지 전략을 저장해 사용한다.
- **전략열기** : 저장된 전략을 불러와 전략을 수정하고 자동매매를 하는 데 사용한다.
- **즉시 반영** : 현재의 설정값으로 자동매매를 바로 시작한다.
- 수정되거나 불러온 전략은 '즉시 반영'을 누르지 않으면 반영되지 않고 최초의 전략으로 자동매매가 된다.
- 운영시간을 제외한 시간 설정은 초 단위까지 지원되므로 HH:MM:SS 단위로 설정한다.

자동매매가 시작되지 않으면 설정값대로 매수, 매도, 익절, 손절 등이 작동하지 않는다.

- '자동매매설정' 창에서 운영시간을 정해 주고 '자동실행'에 체크하면 정해진 시간에 자동매매가 시작되므로 수동으로 '자동매매 시작' 버

튼을 누르지 않는다.

그림 5-14. 시작 시 자동매매

· 수동으로 자동매매를 실행하려면 메인 화면 우측에서 '자동매매 시작' 버튼을 클릭한다.

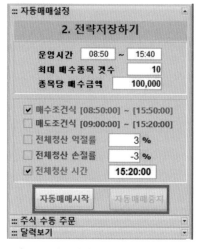

그림 5-15. 자동매매 시작과 중단을 수동으로

TIP

수동으로 자동매매를 중지하고 설정값을 조절한 뒤 '즉시 반영'을 클릭해도 자동매매는 시작하지 않는다. 사용자가 수동 개입하면 꼭 메인 화면의 '자동매매 시작' 버튼을 눌러야 자동매매가 진행된다.

조건검색을 이용한 주식 자동매매 완전정복

5-3
흥미로운 자동매매

모의투자로 진행하는 자동매매는 실전과 다름이 없다.

증권회사에서 제공해 주는 모의투자 시스템은 자동매매 연구를 위한 아주 고마운 존재다. 자동매매를 위해 모의투자 시스템이 존재한다고 해도 과언이 아니다.

HTS를 통한 손 매매는 흥미가 없어 얼마나 많은 사용자가 HTS 모의투자를 사용하는지 모르겠다. 오랫동안 필자도 HTS용 모의투자를 사용하지 않았다.

하지만 자동매매를 통한 모의투자는 상당히 흥미로우며 실전과 거의 비슷한 성취감을 느낀다. 자신이 만든 조건검색식과 대응 전략이 좋은 성과를 내주면 아마 세상을 다 얻은 듯한 기쁨에 환호할지도 모른다. 그만큼 자동매매의 성취감은 대단하다.

모의투자 손익보고서

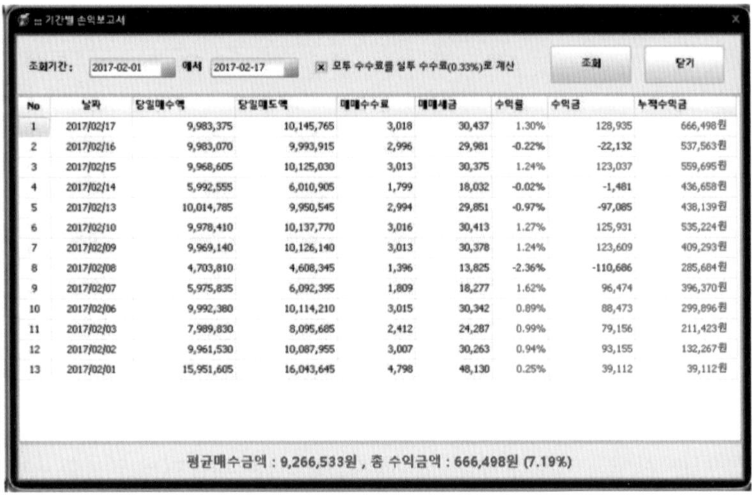

:: 기간별 손익보고서

조회기간 : 2017-02-01 에서 2017-02-17 [x] 모두 수수료를 실투 수수료(0.33%)로 계산 조회 닫기

No	날짜	당일매수액	당일매도액	매매수수료	매매세금	수익률	수익금	누적수익금
1	2017/02/17	9,983,375	10,145,765	3,018	30,437	1.30%	128,935	666,498원
2	2017/02/16	9,983,070	9,993,915	2,996	29,981	-0.22%	-22,132	537,563원
3	2017/02/15	9,968,605	10,125,030	3,013	30,375	1.24%	123,037	559,695원
4	2017/02/14	5,992,555	6,010,905	1,799	18,032	-0.02%	-1,481	436,658원
5	2017/02/13	10,014,785	9,950,545	2,994	29,851	-0.97%	-97,085	438,139원
6	2017/02/10	9,978,410	10,137,770	3,016	30,413	1.27%	125,931	535,224원
7	2017/02/09	9,969,140	10,126,140	3,013	30,378	1.24%	123,609	409,293원
8	2017/02/08	4,703,810	4,608,345	1,396	13,825	-2.36%	-110,686	285,684원
9	2017/02/07	5,975,835	6,092,395	1,809	18,277	1.62%	96,474	396,370원
10	2017/02/06	9,992,380	10,114,210	3,015	30,342	0.89%	88,473	299,896원
11	2017/02/03	7,989,830	8,095,685	2,412	24,287	0.99%	79,156	211,423원
12	2017/02/02	9,961,530	10,087,955	3,007	30,263	0.94%	93,155	132,267원
13	2017/02/01	15,951,605	16,043,645	4,798	48,130	0.25%	39,112	39,112원

평균매수금액 : 9,266,533원 , 총 수익금액 : 666,498원 (7.19%)

그림 5-16. 모의투자 손익보고서

사이버 머니로 하는 모의투자라도 자신이 연구하고 다듬어서 만든 수익모델이 훌륭한 성과를 내어 매일 손익보고서에 수익이 기록된다면 얼마나 좋은 일인가? 자동매매의 장점은 모의투자의 수익모델 그대로 실전 투자로 진행이 가능한 데 있다. 접속 방법만 바꾸면 사이버 머니가 아닌 현금으로 실전 매매가 즉시 이루어지기 때문이다.

자동매매에서 모의투자 단계는 시행착오로 인한 손실을 방어해 주는 역할만으로도 훌륭하다. 실전과 차이점이 많지만 조건검색식의 완성도와 대응 전략의 조합을 이리저리 맞춰 보며 수정하고 보완해 나가는 데 최고의 시스템이라고 생각한다.

또한 모의투자를 통해 전략을 여러 개 개발하여 동시 테스트용으로 유용하게 활용할 수도 있다. 몇 가지 전략을 세팅하여 여러 대의 컴퓨터나 클라우드 서버를 이용하면 수익모델 개발에 들어가는 시간을 많이 단축할 수 있다.

어느 정도 경험과 감각이 쌓이면 모의투자를 하지 않고 직접 소액 실전 매매로 검증하여 시간을 단축하는 경우도 있으나 익숙해질 때까지는 모의투자는 필수 과정이다.

실전 투자 손익보고서

자동매매는 소액으로도 충분히 노후 연금을 만들 수 있다는 것이 제일 큰 매력이다. 직장인들에겐 월급 외 보너스 같은 역할도 해준다. 물론 그 과정이 쉽지는 않지만, 조건검색과 매매 전략 연구를 꾸준히 하다 보면 손 매매보다는 훨씬 유리할 것이다.

그림 5-17. 실전 투자 손익보고서

5-4
모의투자 특성 파악

　모의투자는 그 특성을 정확히 파악하고 테스트를 진행해야 한다. 자동매매는 모의투자와 실전 매매의 결과가 같지 않은데, 이유는 매수와 매도 시 발생하는 슬리피지와 체결 성공률, 체결 방법 등에 차이가 있기 때문이다. 모의투자에서는 본인이 원하는 가격으로 체결 성공률이 높지만, 실전 매매에서는 원하는 가격에 체결되지 않는 경우가 많고 시장가 주문, 정정 주문으로 매매하다 보면 체결 가격이 달라진다.

　모의투자는 체결이 즉시 이루어지지 않는 경우가 생긴다. 실전 매매 서버의 체결 데이터를 받아서 체결시켜 주므로 종목에 따라 거래가 없는 시간에는 30분에서 1시간 이상도 소요된다. 거래량이 하루에 몇만~몇천 주 되는 주식은 특히 심하며, 종목당 투자 금액을 높여 주문하는 경우 전량 체결이 되려면 하루 종일 걸리는 일도 있다. 예를 들어 모의투자에서 1,000주를 매도 주문했는데, 실전 매매에서 100주가 거래되면 모의투자에서는 100주만 체결되고 900주는 미체결로 남아 있게 된다. 이와 같은 모의투자의 특성을 파악하여 종목당 투자 금액을 적정 한도로 해야 하며, 거래량이 없는 종목의 경우는 특히 주의하여야 한다.

모의투자의 수익률과 실전투자의 수익률에도 차이가 있다. 실제로 같은 검색식과 설정값으로 동시에 매매하면 다양한 차이로 인해 수익에 차이가 생긴다. 또한 매매가 체결되는 시간이 갈수록 달라지기에 하루에 거래되는 종목 수도 다르고 가격도 달라진다. 이러한 차이점을 파악하며 모의투자를 진행하고 소액 실전 매매를 통한 검증 과정을 거치며 수익모델을 개발해 나가야 한다. 경험이 많은 시스템 트레이더의 경우 처음부터 소액 투자로 시작하는 예도 많다.

모의투자 수수료는 실제와 다른 수수료율이 적용되어 자동매매 프로그램과 수익이 다르게 나온다. 번트는 실전에서 직접 사용하며 개발된 프로그램이라 모의투자도 실전 매매 수수료를 적용하여 보여 준다. 모의투자의 수익률과 번트의 수익률은 0.67% 차이가 있으며 자동매매에서는 수익이더라도 모의투자 계좌는 수수료가 0.67% 더 공제되기 때문에 손실로 표시된다.

수수료 제도 안내(2023년 1월 기준)

· 모의투자 수수료와 제세금
  - 주식수수료 : 0.35%(제세금 : 거래소 농특세 0.15%, 거래세 0.05%/ 코스닥 : 거래세 0.20%)
  - 매수매도 합계=0.35% + 0.35% + 0.20%(총 0.9% 공제)

· 번개트레이더 모의투자 수수료와 제세금

  - 번개트레이더는 실서버 기준으로 개발되어 키움증권 실서버 수수료 적용

  - 매수매도합계=0.015% + 0.015% + 0.2%(총 0.23% 공제)

· 모의투자 매매 제한 종목(종목은 검색되나 모의투자에서는 매수 불가)

  ① 현재가 1,000원 미만인 종목(ELW 종목 제외)

  ② 관리종목

  ③ 정리매매 종목

  ④ 투자유의 종목

  ⑤ 총발행 주식수 100,000주 미만 종목

조건검색을 이용한 주식 자동매매 완전정복

5-5
오류 대처법

자동매매 중 오류 메시지와 팝업 메시지 대처

아래와 같은 팝업창이 뜨면 프로그램이 실행되지 않거나 매매가 중단되는 경우가 있다. 아래의 해결 방법을 참고하고 자동매매 진행 중 해결이 되지 않으면 HTS로 접속하여 수동으로 매매를 해야 한다.

1. 아래 메시지가 뜨면 자동매매는 진행되지 않으며 즉시 프로그램을 종료하고 HTS로 수동 매도를 하여야 한다.

그림 5-18. 오류 메시지

- 원인 및 해결 : 정상적인 시스템 상태에서는 발생하지 않으며 빈

개트레이더를 여러 개 실행하면 발생하는 경우가 있다. 지속적으로 발생하면 한 개의 번개트레이더만 실행하거나 바이러스 검사와 컴퓨터 최적화 시도를 해 보고 해결되지 않으면 컴퓨터를 포맷하여 재시도하자.

2. 다음 메시지는 윈도우8~윈도우10에서 발생한다.
  - 원인 및 해결 : 키움 API와 운영 체제의 문제로 압축해제를 제대로 못 하여 발생한다.

그림 5-19. 압축해제 오류

3. 다음 메시지는 필수프로그램인 Open API를 설치하지 않고 번개트레이더를 실행하면 발생한다.

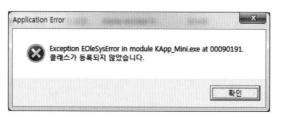

그림 5-20. Open API 미설치 오류

  - 해결 방법 : 키움증권 홈페이지에 접속하여 Open API 설치 후 업

데이트 과정을 진행하면 정상적인 접속이 가능하다.

- 중요사항 : 프로그램을 실행하여 오류가 발생하면 Open API를 '프로그램 추가/제거'에서 삭제하고 재설치를 해야 정상적으로 자동매매 프로그램이 실행된다.

4. 키움증권 홈페이지에서 키움 Open API 서비스 가입 신청을 하지 않았을 때 발생한다.

그림 5-21. Open API 서비스 미가입 오류

5. 다음은 키움의 서버 점검으로 인해 새벽 5시경 발생하는 현상이다.

- 해결 방법 : 해당 시간이 지난 후 프로그램을 실행하자.

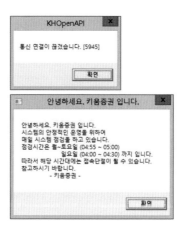

그림 5-22. 통신 두절 오류

6. 실전 투자 중 변동성완화장치(동적, 정적 VI) 발생 종목 매매 시 주의사항

- 갑자기 특정 종목의 등락률 변동이나 거래량 변동이 없고 매수나 매도가 안 된다. VI는 발동 후 2분 후부터 매매가 되며 프로그램 작동의 문제가 아니다. 매수주문과 동시에 미체결 상태로'변동성완화장치'가 발생하는 때도 간혹 있다. 보유현황에는 종목이 없으나 2분 후 매수가 되어 제대로 청산이 되지 않는 경우가 발생한다. 이런 경우 HTS로 접속하여 수동 매도하거나 청산 여부를 HTS에서 꼭 확인하여야 한다.

- 단기매매 시 전체 청산으로 매매가 끝난 것처럼 보이나 '변동성 완화장치' 발동으로 다른 종목은 청산되었지만 1종목이 남아 있는 경우가 간혹 있다. 이미 매도 주문은 나간 상태이므로 2분 후 매도가 완료된 걸 확인하고 번개트레이더를 종료해야 한다. 또한 HTS를 확인하여 정상적인 매도 여부를 꼭 확인하여야 한다.

7. 아이디와 비밀번호를 잘못 입력했을 때 5회가 넘으면 키움 고객센터로 전화하여 초기화 신청한다.

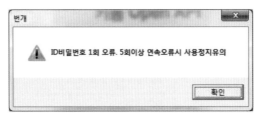

그림 5-23. 아이디 비밀번호 오류

　　　　　조건검색을 이용한 주식 자동매매 완전정복

8. 로그인 과정 중 취소하거나 비정상적으로 접속하여 나타나는 오류로 프로그램을 다시 실행하면 된다.

그림 5-24. 비정상적인 종료 오류

9. 키움증권 서버에 문제가 발생하였을 때 나타나며 키움 서버가 정상화되어야 오류가 없어진다.

그림 5-25. 키움 서버 오류

10. 키움 Open API 중요 업데이트가 있을 때 나타나며 확인을 누르고 번트를 종료한 뒤 재실행한다.

그림 5-26. 중요 업데이트 팝업창

5-6
프로그램 메인 화면 설명

무기를 제대로 이해하고 다뤄야 오발 사고가 나지 않는다. 자동매매 프로그램에 대한 지식과 전략 설정값에 대한 이해가 있으면 놀라운 파괴력을 지닌 무기로 둔갑한다. 이제부터 그 무기를 다루는 방법을 자세하게 소개한다.

번개트레이더 메인 화면 상세 설명

그림 5-27. 번개트레이더 메인 화면

조건검색을 이용한 주식 자동매매 완전정복

1. 기본메뉴

- 자동매매 설정 : 최초로 자동매매 설정값을 작성하는 메뉴와 유료 사용자 등록 창(네이버 이메일 등록)이 있다.
- 손익보고서 : 일별, 누적 수익률 보고서를 볼 수 있다.
- 계좌정보 : 추정자산, 주문 가능액, 보유 잔액 등 계좌정보를 보여 준다.
- 보유종목 : 자동으로 보유종목을 보여 준다.
- 종료 : 프로그램을 종료한다.

2. 누적 수익률 표시

매매가 완료된 종목의 누적 수익금을 보여 준다. (HTS와 약간의 오차 존재)

3. 계좌정보 표시

HTS와 같은 정보로 추정자산과 주문 가능액 등을 표시하고 누적 손익금을 보여 준다. (실서버 기준)

4. 실시간 조건검색 종목 표시

당일 실시간 검색되는 종목과 검색 시점의 단가 및 수익률을 보여 준다.

5. 보유종목 표시

매수가 1주라도 완료된 종목을 보여주며 미체결 종목은 보유종목에 표시되지 않는다. (제비용 공제된 수익률)

6. 기본 정보 표시(수정 불가)

운영시간, 최대 종목 수, 종목당 매수금 등의 정보를 보여주며 이곳에서 수정은 불가하다.

7. 기본 설정 정보 표시(수정 가능)

임시로 체크를 해제하거나 설정값을 바꿀 수 있으나 저장은 불가하다.

8. 자동매매 시작과 중지를 수동조작

수동으로 자동매매를 중단하거나 시작할 때 사용한다. 사용자의 개입으로 중단이 되면 운영시간과 무관하게 사용자가 시작을 누르지 않는한 자동매매는 작동하지 않는다.

9. 주식 수동 주문 창

수동으로 종목을 매수, 매도할 수 있는 창이 열린다.

메인 화면에 숨겨진 기능들

번개트레이더의 메인 화면에는 더블 클릭, 클릭으로 작동되는 기능들이 있다. 그림 5-28에서 빨간 박스 영역은 더블 클릭 시 연결 정보가 출력되며, 파란 박스는 클릭 시 상세 기능을 보거나 감출 수 있다.

그림 5-28. 메인 화면에 숨겨진 기능들

번트맨 사용법

번트맨은 번개트레이더를 지정된 시각에 자동으로 끄고 켜 주는 리모컨 같은 역할을 하는 프로그램이다. 이를 통해 24시간 365일 번트맨을 켜 두면 시간대별로 원하는 자동매매 전략 사용이 가능하다. 번트맨은 다음과 같은 두 가지 방법으로 실행할 수 있다.

1. 번개트레이더 메인 화면 왼쪽 위의 하늘색 메뉴 버튼 클릭 후 실행

2. 번개트레이더 설치 폴더 안에 Bunt_Man.exe 파일 실행

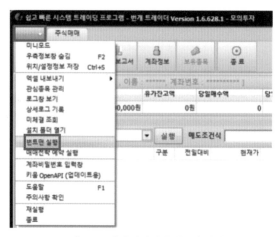

그림 5-29. 메인 화면에서 번트맨 실행

그림 5-30. 번트맨

번트맨 실행 시 위와 같은 창이 뜨며 시작 시각과 종료 시각을 입력한 후 매매 전략을 〈현재설정값〉으로 선택하여 실행하면 현재 사용 중인

조건검색을 이용한 주식 자동매매 완전정복

전략으로 구동된다. 설정을 완료하고 꼭 '설정저장' 버튼을 클릭해야 저장되니 유의하자.

TIP

· 시간 입력 시 해당 셀을 클릭한다.

· 매매 전략 선택 시 해당 셀을 더블 클릭한다.

· 시간 입력 형식은 HH:MM이며 입력 형식에 맞게 입력해야 정상 작동된다.
  (ex. 08:45, 15:50)

· 우측 스크롤바를 눌러서 스크롤 시 총 10개까지 매매 전략을 등록할 수 있다.

자동매매 전략 설정 창

자동매매 전략 설정 창 설명

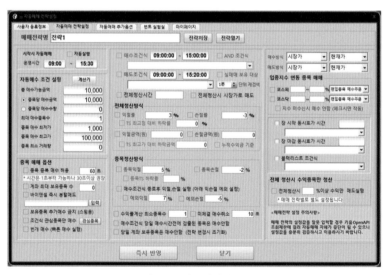

그림 5-31. 자동매매설정 창

1. 사용자 등록정보탭, 자동매매 전략 설정 탭

· 사용자 등록정보탭 : 네이버 이메일을 입력하고 승인요청을 하면 소

액 실전 매매가 가능해진다.

· 자동매매 전략 설정 탭 : 종합적인 자동매매의 설정값을 수정하고 저장하는 화면으로 처음 한 번만 설정하고 저장하면 지속적으로 자동매매가 진행된다.

2. 전략저장, 전략열기

· 원하는 전략 명을 기록하고 전략을 저장하면 다양한 전략을 제한 없이 저장하여 편리한 교체가 가능하다.

· 저장된 전략은 '전략열기' 버튼을 통해 손쉽게 교체할 수 있다.

· 기존 전략을 수정하고 '즉시 반영'을 클릭해도 중복매수는 불가하다. (중복매수 옵션 체크 시 가능)

· 전략이 바뀌면 기존의 '최대 매수 종목 수'는 초기화된다. (기존 매매 종목도 초기화되어 매수가 가능하다.)

3. 자동실행, 운영시간

· 자동실행을 체크해야 운영시간이 되면 자동으로 매매가 시작되어 매수, 매도가 이루어지고 정해진 시간에 자동매매가 종료된다. 예를 들어 키움증권 서버 점검 시간인 5시에는 접속이 끊김으로 아침 8시에 번개트레이더를 실행한 뒤, 운영시간을 08:45으로 설정했을 경우 해당 시각에 자동으로 자동매매가 진행된다.

4. 자동 매수조건 설정

· 총매수 가능 금액 · 전략별 당일 투자금 한도로 전략이 바뀌지 않으

면 한도가 유지되어 설정한 투자금 이상으로는 매수가 불가하다. 전략을 바꾸면 한도가 초기화되어 다시 한도 내에서 매매할 수 있다. (총매수 금액 기준 한도로 시장가로 매매하는 경우 약간의 오차 범위가 존재한다.)

· 종목별 매수 금액 : 총투자 금액 범위에서 종목당 투자 금액을 분배하며 1종목의 투자 한도는 총매수 가능 금액을 넘지 못한다.

· 최대 매수종목 수 : 전략별 당일 최대로 매수 가능한 종목 수로 최대 종목 수를 초과하면 매수가 되지 않는다. 최대 종목 수를 늘리고 '즉시 반영'하면 늘어난 종목 수만큼 매수를 시작한다.

5. 매수, 매도 조건식 설정과 전체 청산 시간

· 매수 조건식 : 매수 조건식은 필수이며, 작동시간을 밀리초 단위까지 기록한다. 여러 개의 조건식 중 원하는 조건식을 최대 5개까지 선택하여 사용한다.

· 매도 조건식 : 매도 조건식은 필수가 아니며, 작동은 장 운영시간까지 작동한다. 매도 조건식의 작성은 신중하게 해야 하며 검색되는 종목이 100개가 넘으면 이후부터는 실시간 검색이 중단된다. 매도 조건식은 최대 1개까지 선택하여 사용한다. (일반 매도 조건식을 사용하는 경우 '보유종목 대상'에 체크하면 안 된다.)

· 보유종목 대상 실행 : 일반적인 매도 조건식은 실시간 지원이 되나 '보유종목 대상'으로 매도 조건식을 작성하게 되면 1분 단위 재검색을 통해 실시간 검색이 지원된다. (모의투자는 지원하지 않으며 실전 매매에서만 사용할 수 있다.)

・ 전체 청산 시간 설정 : 수익 여부와 관계없이 정해진 시간에 보유종목 전체를 청산할 때 사용한다.

6. 전체 청산 방식

・ 전체 청산 방식에는 수익률(익절률) 기준으로 보유종목 전체를 청산하는 방법과 수익금을(익절금) 기준으로 청산하는 방법이 있다.

・ 익절률, 손절률 : 8번 항목 '수익률 계산 최소종목 수' 옵션의 제한을 받는다. 1종목으로 설정하거나 체크를 해제하면 제한받지 않으며 5종목으로 설정하게 되면 동시 보유종목이 5종목이 유지되면서 익절률, 손절률이 작동한다. 최소종목 수를 설정하게 한 이유는 분산하여 투자할 경우 1~2종목에서 익절이 되어 전체 청산이 되면 수익이 적기 때문에, 최소한의 수익을 확보하려고 제한을 두게 되었다.

・ 익절금액, 손절금액 : 9시부터 무조건 작동하며 당일 최대 목표수익금을 설정한다. 1차로 목표수익금에 도달을 못 하면 2차로 익절률을 활용하여 안전하게 빠져나오는 방식으로 사용되는데 종합 설정을 익혀야 가능하다.

7. 종목 청산 방식

・ 예외익절, 예외손절 : '매수 조건식 종료 후 익절, 손절 실행' 옵션이 체크된 경우만 적용된다. 9시부터 작동하고 다른 옵션에 제한을 받지 않는다.

・ 종목익절, 종목손절 : 8번의 '매수 조건식 종료 후 익절, 손절 실행'을 체크하지 않으면 9시부터 작동한다. 체크하면 5번의 '매수 조건식'이

종료되는 시각부터 종목별 익절, 손절이 실행된다. 장 초반 휩소 방지용으로 초반에는 '예외손절'을 사용하다 시간이 지나면 '종목손절'을 사용하는 방식이다. 해당 전략은 매수 조건식을 짧은 시간만 사용할 때 유용한 전략이다.

8. 기타 옵션

- 수익률 계산 최소종목 수 : 최소종목 수를 충족해야 전체 청산 방식의 익절률, 손절률이 작동을 시작한다.

- 미체결 매수주문 취소 : 시장가 매수주문도 변동성완화장치, 거래정지 종목에 걸리면 거래가 개시될 때까지 매수가 안 되므로 적절한 시간이 지나면 취소를 해 줘야 한다. 잘못하면 뒤늦게 매수가 되어 고점에 물리며 폭락하는 경우가 종종 발생한다.

- 매수 조건식 종료 후 익절, 손절 실행 : 5번의 매수 조건식이 종료되는 시각부터 종목익절, 손절이 작동된다.

- 번개 매수 : 장 초반 30초까지만 작동되고 이후에는 정상적인 매매방식으로 자동 전환된다. 번개 매수는 매매가 집중되는 장 초반에 종목이 검색되면, 시세를 받기 전 미리 주문하는 방식으로 매수 금액 범위를 초과하여 주문이 들어가는 때도 있다. 번개 매수를 사용한다고 정상적인 주문방식보다 유리하다는 보장은 없다.

9. 즉시 반영 버튼

전략을 최초로 설정하거나 수정하였을 경우 즉시 반영 버튼을 클릭해야 자동매매가 시작된다. 단, 시작 시 자동매매에 체크가 안 되어 있으면 수동으로 자동매매 시작 버튼을 클릭해야 한다. 저장된 전략을 불러올 때도 즉시 반영을 클릭해야 반영되며 번개트레이더를 재실행하면 최종적으로 즉시 반영된 전략으로 시작한다.

'종목 중복 매수 허용' 옵션 안내

해당 옵션 사용 시 종목이 청산되고 조건이 맞으면 반복해서 바로 재매수된다.

· 전체 청산 후 반복 매매 시에도 종목이 재매수된다.
· 관심 종목 대상으로 1종목만 하루 종일 재매수가 가능하다.
· 옵션 사용 시 조건식에 따라 하루 수백 회가 거래되니 신중히 조건식을 검증하고 사용하여야 한다.
· 반복 매매는 잘못하면 커다란 손실이 발생한다. 모의투자로 충분히 조건식을 검증하고 사용한다.

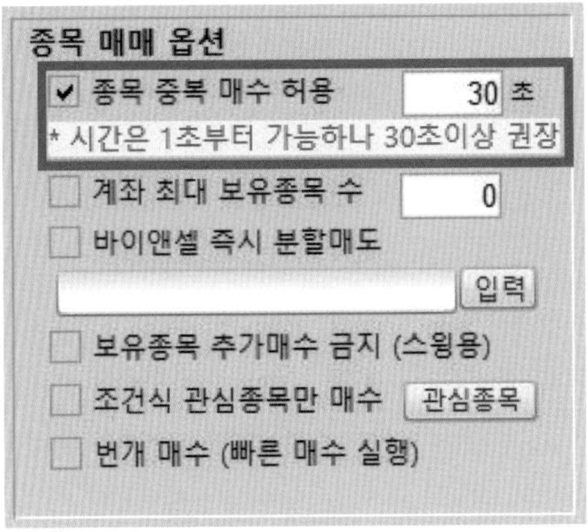

그림 5-32. 종목 중복 매수 허용 옵션

옵션 사용 시 다음과 같이 동일 종목의 매수와 매도를 지속적으로 반복한다.

그림 5-33. 중복매수 로그 창

6장

실전 자동매매
입문하기

모의투자로 자동매매에 익숙해진 사용자가 실전 매매에서 겪게 될
다양한 사례를 학습하여 시행착오를 줄일 수 있도록 안내한다. 특
히 HTS에서 실전 매수한 종목이 있을 때, 모의투자에서 실전투자
로 접속할 경우 자동매매 설정값에 의해 실제 보유 중인 종목이 바
로 청산되는 사례가 있으므로 각별히 주의하자

6-1
실전 매매 입문

번개트레이더는 급등주 전용으로 개발되어 당일 청산하는 매매에 유용하다. 스윙 매매는 적합하지 않으며 당일 매매용으로만 사용하길 권장한다. (약간의 불편을 감수하면 스윙 매매도 사용할 수 있다.) 실전 매매에 입문하는 여러분을 환영하며 실전 시스템 트레이딩은 철저한 준비와 경험으로 시스템 운용 중에 발생하는 다양한 상황에 대처할 수 있어야 한다.

1. 모의투자로 충분한 검증 기간을 거쳐야 한다.
2. 컴퓨터의 상태를 최상으로 유지해야 한다.
3. 프로그램의 설치를 최소화해야 한다.
4. 순간적으로 많은 일을 처리하는 자동매매 프로그램을 위해 다중 작업을 최소화해야 한다.
5. 오류 대처에 신속해야 한다.
6. 여분의 랜 카드는 1개 정도 미리 준비해야 한다. (랜 카드는 불시에 먹통이 된다.)

7. 컴퓨터, 운영체제, 번개트레이더의 조합이 잘 이루어져야 자동매매가 오류 없이 돌아간다.

8. 모니터링 없이도 자동매매에 맡기기 위해선 충분한 기간을 두고 조합이 잘 맞는지 신중히 살펴야 한다.

9. 평소에는 문제가 없던 조합에서 오류가 발생하기 시작하면 컴퓨터 최적화, 바이러스 검사 등을 하고 또 다른 오류가 없는지 테스트해야 한다. 다른 컴퓨터에서 문제가 없는데 특정 컴퓨터에서 지속적으로 오류가 발생하기 시작하고 최적화 작업도 소용이 없으면 컴퓨터를 포맷하고 재설치를 권장한다.

실전 매매 주의사항

번개트레이더는 일반적으로 설정한 주문 금액 범위에서 체결이 이루어지나 급등 종목은 종목당 매수 금액을 초과하여 매수가 된다. 실전 매매 시 투자금의 100%로 종목당 매수 금액을 설정하면 증거금 부족으로 체결이 불가한 경우가 생기는 점을 참작하여야 한다. 시장가 매수는 종목당 투자 금액+30%의 증거금이 필요하다. 예를 들어 종목당 1,000만 원의 매수주문을 하는 경우 현금잔고는 1,300만 원이 있어야 주문이 된다. 이때 1원이라도 부족하면 '증거금 부족'으로 주문오류가 발생하니 유의하자. 또한 '번개 매수'를 사용할 경우 종목당 설정 금액보다 5%~15% 초과 주문이 나갈 수 있으며 장 초반에 유효한 기능이지만 장중에는 효과가 없으므로 사용하지 않는다.

번개트레이더는 데이 트레이딩 전용으로 최적화되어 '전체 청산 시간, 전체 청산' 옵션을 사용하게 되면 HTS로 매수한 종목도 무조건 청산되니 스윙용으로 사용 시 해당 옵션을 해제하고 사용해야 한다. 만일 스윙용으로 사용한다면 누적 수익률과 손익보고서 내용이 맞지 않으니 유의해야 한다. 번개트레이더 실행 중 HTS에서 수동으로 매수하게 되면 자동으로 번개트레이더에 등록되어 설정값대로 매도가 되니 주의하여야 하며, 기존 보유종목이 있을 경우 HTS에서 수동으로 매도하고 사용해야 한다.

자동매매 프로그램의 주요 특성을 파악하자

자동매매 프로그램들은 각자의 서로 다른 특징들이 있다. 시스템 트레이딩 경력자라도 번개트레이더의 특성을 모의투자를 통해 충분히 파악하면서 소액 투자 단계로 넘어가야 실수가 적어진다. 모의투자는 시장가 매매라도 즉시 체결이 되지 않는 경우가 비일비재하니 유의하자.

종목이 검색되면 내부적으로 바로 매수주문이 나가고 화면 처리는 체결 후 표시된다. 이때 보유종목 화면 출력은 1주라도 체결되어야 표시된다. 번트는 매수, 매도에 최우선 순위를 두어 불필요한 화면 처리는 후순위로 처리한다. 화면엔 보이지 않더라도 매수와 동시에 내부적으로 수익률 계산이 시작된다.

메인 화면 좌측 '상태' 창에 매수표시가 되면 매수주문이 완료된 상태

조건검색을 이용한 주식 자동매매 완전정복

다. (체결이 아니고 주문 완료) 간혹 매수라고 나와도 때에 따라 매수가 되지 않는 종목도 있다. (ex. 증거금 부족, 모의투자 금지 종목 등) 또한 장중 모의투자는 거래량 부족으로 체결이 늦게 되어 보유현황에 뒤늦게 표시되는 종목이 많다. (종목당 투자금을 천만 원씩 하게 되면 더 심하다.) 추가적으로 변동성완화장치(VI) 발동 종목은 매수주문이 들어가도 미체결 상태라 보유종목에 표시되지 않는다.

6-2
소액 투자부터

소액 투자부터 하는 이유

모의투자로 검증을 충분히 하고 소액 실전 매매를 시작할 수도 있지만, 처음부터 소액 실전 매매로 모의투자 단계를 건너뛰고 수익모델 검증을 해도 된다. 하지만 소액이라도 종목당 1만 원~10만 원 이내로 꾸준히 돌려야 한다. 처음부터 몇십만 원 단위로 무리하게 할 필요가 없다. 하루하루 누적되는 몇천~몇만 원의 손실도 한 달 누적이면 매우 커지기 때문이다.

필자도 넘치는 자신감으로 소액 검증을 충분히 하지 않은 상태에서 종목당 백만 원씩 실전 매매로 들어갔다가 불과 며칠 만에 큰 손실을 보게되어 즉시 실전 매매를 중단하고 수정, 보완 단계로 되돌아간 경험이 있다. 자동매매는 손실이 발생하게 되면 순식간에 누적 손실이 쌓인다. 손매매든 자동매매든 실전에선 준비되지 않은 무리한 매매가 커다란 손실을 발생시킨다. 때로는 멈출 줄도 알아야 하고 쉬는 법도 배워야 실전에서 오래 살아남을 수 있다.

실전 자동매매라고 매일 운용을 할 필요는 없다. 큰 이벤트가 발생하거나 시장 분위기가 자신의 전략과 맞지 않는다면 과감하게 쉴 줄을 알아야 한다. 소액 검증 단계에서는 매일 돌려도 관계없지만 실전 매매로 투자금을 높이면 부담감이 상당히 커진다. 하루 몇십만~몇백만 원의 손실도 생기기 때문이다.

자동매매는 소액 투자에 적합한 방법이다. 연구하기도 쉽고 운용에 부담도 없으며 괜찮은 수익모델이 탄생하면 소자본으로도 꽤 높은 수익을 낼 수 있다. 슬리피지 또한 크지 않아 여러모로 소액 매매가 유리하며 심적 부담감도 거의 없다.

소액 실전 매매 준비 사항

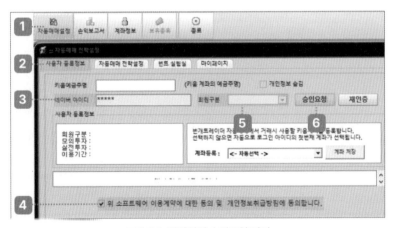

그림 6-1. 일반회원 승인요청 방법

모의투자로 자동매매에 대해 충분히 파악했다면 다음 단계로 소액 실전 매매를 진행한다. 우선 번개트레이더 네이버 카페에 회원 가입을 하고 프로그램 내에서 '일반회원'으로 승인요청을 하자. 이 경우 카페에 가입된 네이버 ID와 입력된 네이버 ID가 일치한다면 즉시 자동으로 승인되어 종목당 10만 원씩, 평생 무료로 소액 실전 자동매매가 가능해진다.

자동매매 소액 투자의 진수를 공개한다.

1. 투자 원금 : 2백만 원(실전 계좌)

2. 스펙트럼 증거금제(미수 설정)

3. 당일 청산 원칙(단 하루도 종목을 보유하지 않음)

4. 2016년 키움 실전투자대회 참가한 모델과 같은 소액 모델과 다양한 소액 모델들

그림 6-2. 소액 모델

조건검색을 이용한 주식 자동매매 완전정복

그림 6-3. 소액 실전 테스트

그림 6-4. 소액 실전 테스트

키움 검색식과 번개트레이더의 다중 전략을 익히면 충분히 가능한 수익모델이다. 직업을 갖고도 꾸준히 연구하면 소액 투자로 상당한 수익을 올리는 수익모델도 가능하며 100세 시대의 경제적 자립도 가능한 노후연금을 만드는 일도 이루어진다.

6-3
실전 매매 특성 파악

실전 매매는 모의투자와 무엇이 다른가?

자동매매를 통한 실전 매매를 경험해 보면 정말 별의별 상황이 다 생긴다. 또한 모의투자나 소액 매매로는 경험하지 못했던 다양한 상황에 불리하게 노출된다.

1. 실매매 중 성급하게 비중을 키워 깡통도 몇 번 차보고
2. 프로그램을 테스트하며 오류가 나서 손실 본 적도 많고
3. 충분한 가격에서 익절하는데 매도체결이 안 되어 급락 후 손실도 많이 보고(보통 50만 원 이상에서 익절해도 -15만 원에 청산되는 경우도 자주 생긴다.)
4. 매도호가 +5~+10에 주문을 넣어도 급등주는 그냥 날아가 버리니 나머지 종목을 손절하는 경우도 많이 경험하고
5. 전체 청산 익절에 욕심 부리다 제 가격에 팔지 못하여 몇 번 수정 주문 중에 급락하는 경험도 많이 하고

6. 수익이 크게 나 익절해서 기분 좋아 넋 놓고 다른 일을 보다, 나중에 HTS를 확인하니 매도 처리가 안 되어 있어 크게 손실을 본 날도 있고

7. 매매 마무리 후 다음 날 HTS를 열어 보니 1종목이 팔리지 않고 남아 있어 급등하여 120만 원 정도 보너스 받은 날도 있고

8. 분명 수익인데 컴퓨터가 다운되어 매도를 못 해 손실 마감한 날도 많았고

9. 나름 자금 분산한다고 계좌를 나눠 돌리다 가장매매(통정매매) 의심된다고 경고도 먹어 보고

10. 수익권에서 정적(VI)에 걸렸다 급락하며 손절을 한 날도 많았다.

대체로 자동매매가 제대로 가동이 안 되면 손실을 보는 날이 많다. 지금은 머릿속으로 시뮬레이션한다. 문제가 발생했을 때 순서대로 HTS 접속하여 해결하는 걸 머릿속에 그리며 대응한다.

같은 시간대에 10개 이상의 자동매매를 테스트하다 보니 순발력이 생기긴 하는데 여러 개를 검증 진행 중인 과정에선 자동매매가 편하진 않다. 물론 손 매매보다 몇백 배 편하고 동시다발적인 테스트가 가능하니 충분한 가치가 있다.

이런 실전 과정 끝에 급등전략은 시장가 매수, 시장가 매도가 가장 효율적이란 결론이 나왔다. 급등주 매매과정의 슬리피지는 아쉬울 때가 많지만 그냥 받아들인다. 결과가 나오면 슬리피지에 미련을 버리고 그날의 자동매매는 딱 접고 쉬는 게 정신 건강에 좋다.

슬리피지를 해결하려고 주문 방법을 아무리 바꿔 봐도 소액에선 쓸 만하나 투자금이 많아지면 목표 수익률을 높게 잡아 해결하는 방법 외엔 없다. 투자금이 많아지면서 여러 가지 주문 방법을 써 보며 손실을 많이 보다가 최종적으로 결정하는 게 시장가 방식이다. 여러분은 우선 번트의 장점을 살려서 시초가 매매 수익모델 개발에 매진한 뒤, 1개의 수익모델을 완성시키는 것에 전념하자. 이후에는 천천히 연구하여 하루 3~4개 정도의 모델을 결합하여 운영하게 될 것이고, 마침내 소액의 투자금으로 자금 회전율을 최대화하여 충분한 수익금을 뽑아내는 단계로 나아가게 될 것이다.

> **TIP**
>
> 다음과 같은 검증 단계는 필수다.
> 모의투자→소액 실전 투자→실전 투자→투자금 최대한도로 검증

> **TIP**
>
> **수익모델 개발 방향**
>
> 시초가 매매→장중 매매→장 후반 매매→종가 매매→장전 동시호가
> 위와 같이 한 개씩 수익모델을 완성하여 차례대로 결합한다.

변동성완화장치(동적, 정적 VI)

여러 가지로 자동매매를 힘들게 하는 함정들이 많이 생겨났다. 변동성완화장치가 생겨나고 거의 80~90%는 정적 바가지를 씌워 급락한다.

정적 걸려서 더 올라가는 종목은 정말 10개 중에 한두 개도 되지 않는다. 실전 투자를 시작하면 모의투자에선 볼 수 없었던 여러 가지 상황에 직면하므로 모의투자 단계를 넘어서면 직접 소액 투자를 해 보면서 다양한 상황에 대처하는 능력도 키워야 한다.

갑자기 특정 종목의 등락률 변동이나 거래량 변동이 없고 매수나 매도가 불가해진다. VI 발동 2분 후부터 매매가 되며 프로그램 작동의 문제가 아니다. 매수주문과 동시에 미체결 상태로 '변동성완화장치'가 발생하는 때도 간혹 있다. 보유현황엔 종목이 없으나 매수 미체결 상태로 VI가 해제되는 2분 후에 매수가 되어 제대로 청산이 되지 않는 경우가 발생하고 사용자가 알아차리지 못하는 경우도 생긴다. 이런 경우는 HTS로 접속하여 수동 매도하거나 청산 여부를 꼭 확인하여야 한다.

단기매매 시 전체 청산으로 매매가 끝난 것처럼 보이나 '변동성완화장치' 발동으로 다른 종목은 청산되었지만 1종목이 남아 있는 경우가 간혹 있다. 이미 매도 주문은 나간 상태이므로 2분 후 청산이 완료된 걸 확인하고 번개트레이더를 종료해야 한다. 또한 HTS를 확인하여 정상적인 매도 여부를 꼭 확인해야 한다.

> **TIP**
>
> 시장가 매매방식을 선택하면 실전 매매에서는 VI 종목과 거래정지가 발생한 종목이 아닐 경우 매수, 매도가 바로 되어야 정상이다. 번개트레이더의 '매수 미체결 취소' 30초 기능을 사용하게 되면 VI가 발생한 종목을 뒤늦게 잡아 피해를 보는 경우를 예방할 수 있다.

모의투자와 실전 투자의 비교 사례

장 초반 매매용 '시가 저가 수익모델 진행 과정' 비교자료를 통해서 모의투자에서 소액 투자로 넘어갈 때의 문제점을 간략하게 준비했다.

모의투자로 매수한 종목과 소액 실매매로 매수한 종목은 같았다. 이 단계에서 성급하게 8연승 했으니 종목당 백만~천만 원을 질러 보면 그냥 깨진다. 이 상태로 비교해 보며 검색식은 수정하지 말고 대응 전략을 조금씩 조절해서 다듬어 나가면 수익모델의 가능성이 보인다.

모의투자로 8연승 중인 2단계 테스트 수익모델

그림 6-5. 모의투자 2단계 테스트

모의투자 손익보고서 8일간 수익

그림 6-6. 모의투자 2단계 손익보고서

소액 실매매 결과는 모의투자랑 다르게 패배(종목당 20만 원 × 5종목)

그림 6-7. 동일 모델 소액 실매매 결과

6-4
급등주 매매

급등주 매매는 어떻게 해야 하는가?

자동매매 프로그램에 좋은 기능이 많이 있더라도 그중에서는 초기에만 사용하다가 마는, 수익률을 높이는 데 아무런 도움을 주지 못하는 기능도 있기 마련이다. 이런 기능들은 사용자로 하여금 쉬운 접근을 막고 오히려 전략 설정과 해당 전략을 분석하는 과정에서 애만 먹이는 경우가 있다. 번개트레이더는 급등주, 데이 트레이딩 전용으로 개발되어 UI와 전략 설정이 간결하지만 강력하다. 이를 적극적으로 활용해 보자.

수많은 실전 경험으로 미루어 볼때 변동성이 크고 움직임이 빠른 급등주, 단타 매매는 지정가(호가)매매로는 제대로 매수와 매도를 할 수가 없다. 시세가 급변할 때 지정가로 주문을 넣으면 체결도 되지 않고 급락할 때 팔리지를 않아 엄청난 손해를 보는 일이 생긴다.

어떠한 종목을 매매 대상으로 하는가에 따라 주문방식도 달라져야 한

조건검색을 이용한 주식 자동매매 완전정복

다. 호가가 탄탄하고 거래량이 많은 대형우량주의 매매는 지정가로도 가능하다. 그러나 변동성이 큰 급등주 매매는 가급적 시장가로 해야 제 때 매수되고 매도가 가능해진다. 물론 급등하는 종목을 시장가로 매수 하게 되면 꼭대기에서 잡혀 손절이 나가는 경우도 발생한다. 특히 거래 량이 적거나 호가창이 비어 있는 종목을 시장가로 매수하게 되면 꼭지 에 사서 바로 급락하며 큰 손실로 매도되는 일도 많다.

급등주 매매에서 항상 염두에 둘 것은 거래량이 풍부하고 호가창도 탄 탄한 종목들을 대상으로 해야 손절이 나가도 최소한 1~2호가 아래에서 체결되어 손실이 줄어든다는 것이다. 여러분도 급등주 대상으로 매매를 계획한다면 필히 시장가로 전략을 설정하고 거래량이 부족한 종목은 매 매에서 제외하고 거래하길 바란다.

그림 6-8. 실전 모델

다음은 실전 계좌의 급등주 매매 결과다.

- 투자 원금 : 3천만 원(실전 계좌)
- 종목당 투자금 : 1천만 원
- 거래 종목 수 : 5종목
- 총 투자 가능 금 : 5천만 원(스펙트럼+증거금제 미수 설정)
- 당일 청산으로 보유종목 없음

실전 모델 누적 손익보고서

=기간별 손익보고서

조회기간 : 2017-01-01 에서 2017-01-21 조회 닫기

No	날짜	당일매수액	당일매도액	매매수수료	매매세금	수익률	수익금	누적수익금
1	2017/01/20	18,785,095	19,338,035	5,710	58,008	2.61%	489,222	4,319,245원
2	2017/01/19	22,735,890	23,238,835	6,890	69,697	1.88%	426,358	3,830,023원
3	2017/01/18	30,709,900	31,123,545	9,270	93,350	1.02%	311,035	3,403,665원
4	2017/01/17	26,186,055	26,365,030	7,880	79,077	0.35%	92,028	3,092,630원
5	2017/01/16	17,754,245	18,223,290	5,390	54,650	2.31%	409,005	3,000,602원
6	2017/01/13	24,333,875	24,863,590	7,370	74,581	1.85%	447,764	2,591,597원
7	2017/01/12	35,143,870	35,750,915	10,630	107,238	1.40%	489,177	2,143,833원
8	2017/01/11	19,120,360	19,482,825	5,790	58,439	1.57%	298,246	1,654,656원
9	2017/01/10	48,463,490	48,466,105	14,530	145,385	-0.32%	-157,290	1,356,410원
10	2017/01/09	31,770,180	31,763,840	9,530	95,289	-0.35%	-111,149	1,513,700원
11	2017/01/06	53,372,495	53,936,950	16,090	161,775	0.73%	386,590	1,624,849원
12	2017/01/05	35,052,240	35,715,935	10,610	107,142	1.56%	545,953	1,238,259원
13	2017/01/04	50,859,385	51,081,195	15,290	153,228	0.11%	53,302	692,306원
14	2017/01/03	8,122,140	8,538,660	2,490	25,615	4.80%	388,415	639,004원
15	2017/01/02	53,128,280	53,555,510	16,000	160,651	0.47%	250,589	250,589원

평균매수금액 : 31,702,500원 , 총 수익금액 : 4,319,245원 (13.62%)

그림 6-9. 실전 모델 손익보고서

매월 같은 수익은 나지 않는다. 시기에 따라 다르기도 하고 시장 상황에 따라 운용을 중단하기도 한다. 가능성을 보여 주는 실전 보고서다. 번개트레이더를 사용한 급등주 매매는 2016년 10월에 열린 키움 실전투자대회에서 23위를 기록하여, 자동매매만으로도 충분히 수익을 내는 것이 가능함을 입증하였다.

6-5
투자금 조절

투자 비중을 높이는 요령

　자동매매도 욕심이 화를 부른다. 어느 정도 자동매매 수익에 신뢰가 가면 투자금을 상향하려는 욕심이 생긴다. 현금을 보유해도 좋으니 충분한 시간이 흐른 뒤 투자금을 높이는 게 현명하다. 꾸준히 수익이 나면 목표 수익률을 높이는 경우도 생긴다. 전략에 맞는 목표 수익률은 소액 매매 단계에서 모두 검증하고 결정해야 한다. 실전 매매 단계에서 변동하면 손실이 커질 확률이 높아지기 때문이다. 또한 기복이 심한 수익보다는 안정적으로 꾸준하게 소액이라도 수익을 내는 게 중요하다.

　거래일 20일 기준 꾸준하게 하루 0.5% 수익을 내면 한 달에 10% 수익이다. 손 매매나 자동매매나 실전 매매로 하루 0.5%의 평균 수익을 꾸준하게 낸다면 매매의 달인이라 불린다. 적은 수익이라도 꾸준하게 낸다는 게 얼마나 어려운 일인지 공감하는 분들이 많을 것이다. 자동매매로 두 깡통을 세 번은 차봐야 안성이 된다. 이때 무쉬히게 현금으로 낑통을

찰 필요는 없다. 자동매매는 모의투자로도 흥미롭고 재미있게 연구하는 즐거움이 있다. 모의투자로 깡통을 차보고 소액 실매매로 깡통 차 보면 노하우가 생긴다.

적정 투자금 조절하기

소액에서 실전 매매로 넘어가는 단계에서의 상향법

소액 매매의 검증은 상당히 중요하다. 종목당 10만 원 이하의 소액 매매에서 충분한 성과가 나오면 종목당 1백만~3백만 원 정도로 다시 한번 검증을 거친다. 이때 안정적이라는 판단이 선다면 종목당 5백만 원에서 1천만 원까지 투자금을 높이며 충분히 검증한다.

혹시라도 투자금을 한 단계 높였는데 이전 단계와 비교해 수익률이 급격히 줄어든다면 더 이상 투자금을 높이는 건 무리다. 이때는 무리해서 더 높이지 말고 현 상태로 검증을 꾸준히 해야 한다. 종목당 5백만 원 정도에서 꾸준한 수익이 보장된다면 종목당 1천만 원까지는 크게 무리가 없을 것이다. 문제는 1천만 원 이상에서 투자금을 높일 때 발생하므로 꾸준한 검증을 거치고 종목당 1천만 원 이상의 투자가 효율적인지를 검증해 나가야 한다.

실전 매매에서 적정 투자금 조절하는 법

당일 매매시간과 조건식의 종목에 따라 투자금 조절이 필요하다. 거래량이 적은 종목과 급등주 대상으로는 투자금을 높이는 것이 어렵다.

같은 전략으로 투자금을 높이는 방법은 계좌를 분산하고 컴퓨터를 분산하여 투자금을 단계별로 늘리는 방법과 동일 계좌로 한 컴퓨터에서 일정한 금액으로 서서히 높여 가는 방법이 있다.

투자금을 높이는 문제도 신중하게 결정해야 한다. 매매 대상과 매매 시간에 따라 투자금이 커지면서 슬리피지도 상당히 커진다. 거래량과 호가창이 탄탄한 종목들은 큰 문제가 없으나 급등주나 매수 호가창이 텅텅 비고, 매수 잔량도 없는 종목이 걸리면 순식간에 호가창이 무너져 버린다. 종목당 1천만 원 범위가 그래도 안정적인 느낌이다. 조건식에 따라 다르게 기준을 삼는 게 맞겠지만 종목당 1천만 원 이상에서 투자금을 5배로 올린다고 수익도 5배로 절대 나오지 않는다. 수익은 겨우 1.5배~2배가 나오고 손실을 볼 때는 3배~5배까지 발생한다.

자신의 기법에 맞는 적절한 투자금을 수익모델이 안정화되었을 때 1천만 원→2천만 원→3천만 원 단위로 기간을 두고 올려 보며 검증을 거치고, 투자금 대비 비효율적이면 적정선에서 조절하여서 진행하면 된다. 필자의 경험으론 급등주 매매는 종목당 1,000만 원 내외를 추천한다.

6-6
마인드 관리

시스템 운용을 위한 마인드 관리

자동매매도 '마음의 평정'을 찾아야 성공한다. 손 매매 상위 1% 고수들이 제일 강조하는 것이 '마인드 관리'다. 자동매매는 컴퓨터가 하는데 무슨 마인드 관리가 필요할까? 자동매매를 관리하는 주체가 사람이기 때문에 투자금이 몇천만 원 이상 들어가게 되면 마인드 관리가 쉽지 않다. 소액 매매에 성공하고 비중을 실어 실전 매매를 하게 된다면 몇 개월 이상 마음고생을 해야 한다.

투자금 상향에 따른 손실액에 대한 적응 기간이 필요하다. 적응과정을 거치면 한결 부드럽게 자동매매에 신뢰가 생기고 시스템에 일임을 할 수 있다. 마인드 관리를 제대로 하기 위해선 철저한 사전 준비가 필요하다. 모든 게 안정화되고 자동매매가 진행되어야 시행착오로 인한 계좌 손실을 방어해 주고 안정적인 매매가 가능해진다.

조건검색을 이용한 주식 자동매매 완전정복

실전 투자를 위한 사전 준비 단계

- 소액 매매까지는 상관이 없지만 실전 매매를 위해선 고사양 컴퓨터와 기가 랜이 유리하다.
- 자동매매 전용으로 컴퓨터를 준비하고 최소한의 프로그램만 설치하여 최상의 상태를 유지한다.
- 시스템 및 프로그램 오류를 대비한 HTS와 인터넷 끊김 등에 대비한 스마트폰 MTS를 준비해야 한다.
- 자동매매 프로그램을 운용하기 위해선 자신의 PC에서 문제없이 구동되는지 안정화가 되기 전까지 꾸준히 검증해야 한다.

투자금을 늘리는 날은 꼭 손실이 난다

소액 매매에서 실전 매매로 넘어가면서 자주 겪게 되는 문제이며 실전 매매를 하면서 투자금을 점진적으로 상향시켜 나가는 시기엔 더욱 많은 횟수의 큰 손실을 경험하게 된다. 투자금을 상향시켰다가 크게 손실을 보면 다시 소액으로 되돌리고 싶거나 매매를 중지시키고 싶은 마음이 든다. 이때 충분한 검증 기간을 거쳤고, 대내외 환경적인 큰 변수가 없다면 감당할 수 있는 한 투자금은 같은 금액으로 일정 기간 유지해야 한다. 심리적인 압박으로 투자금 변동이 잦다면 소액으로 돌아가 더 많은 시간을 검증하는 게 좋다. 그럼에도 불구하고 감당하기 힘들다면 매매를 중지하고 쉬는 게 현명하다.

무리한 운영을 한다면 계좌가 순식간에 손실로 바뀔 수 있다. 자신의 전략에 맞는 적정한 투자 한도가 있으며 투자금이 크다고 수익이 절대 커지지 않는다. 투자금 대비 수익률은 반비례한다고 생각하고 조심스럽게 조금씩 투자금을 상향하자.

자동매매도 욕심이 화를 부른다

다시 한번 나오는 이야기지만, 어느 정도 자동매매 수익에 신뢰가 가면 투자금을 상향하려는 욕심이 생긴다. 이때 충분한 시간이 흐른 뒤 투자금을 높이는 것이 현명하다. 그러다 꾸준히 수익이 나면 목표 수익률을 높이는 경우도 생긴다. 그런데 전략에 맞는 목표 수익률은 소액 매매 단계에서 모두 검증하고 결정해야 한다. 실전 매매 단계에서 변경할 경우 손실이 커질 확률이 높아진다. 앞서 말했듯 기복이 심한 수익보다는 안정적으로 꾸준히 소액이라도 수익을 내는 게 중요하다. 적은 수익이라도 꾸준하게 낸다는 게 얼마나 어려운 일인지 공감하는 분들이 많을 것이다.

항상 마음의 평화를 유지해야 한다

실전 자동매매도 연속해서 손실이 발생하면 두려워지고 고민이 많아진다. 내일과 일주일, 한 달에 대한 손실까지 상상하며 마음에 동요가 오게 되는데 항상 긍정적인 마음으로 받아들여야 한다. 오늘 운이 좋아 평소보다 많은 수익을 올렸다고 좋아할 필요 없고 오늘 손실이 크게 났다고 상심할 필요가 없다. 너무 기뻐하지도, 상심하지도 않는 평온한 상태로 시스템을 운용해야 오래 버틸 수 있다.

노후를 준비하는 마음으로 즐겁게 취미로 연구하라

앞으로 다가오는 100세 시대! 은퇴 후 노후를 대비한다는 마음을 갖자. 이때 적은 자본으로도 경제적 자립을 충분히 이룰 수 있다는 목표를 세운다. 여가를 이용해 취미와 재미로 수익모델을 창출하는 기쁨을 누리면서 자동매매를 연구해야만 쉽게 지치지 않고 목표를 달성하게 된다.

자동매매의 매력은 소액으로도 회전율을 통한 적정수익을 매일매일 창출하는 데 있다. 큰 자본이 필요 없으며 하루 4~5개의 시간별 전략만 잘 갖춰지면 하루 종일 모니터 앞에 붙어있을 필요 없이 건강도 지키며 소액으로도 충분히 자금 회전율을 통해 수익을 높여 나갈 수 있다.

6-7
현명한 투자자

자동매매 프로그램의 허와 실

자동매매 프로그램, 로보어드바이저, 인공지능 자동매매가 아직은 쉽게 수익을 주지 않는다. 자동매매도 수익모델 하나 완성하려면 엄청난 노력과 비용, 시간이 소요된다. 사용하고자 하는 자동매매 프로그램에 대해 충분한 시간을 갖고 검증하지 않으면 실전 매매 시 큰 낭패를 보게 되며 자동으로 손실 내는 도구로 전락한다.

자동매매를 통한 소액 실전 매매로 수익을 내는 사람들은 실제로 있다. 하지만 동일 시스템으로도 투자 금액이 높아지면 수익 내기가 정말 어려워진다. 최적의 투자 원금은 개인당 1천만 원 내외가 적당하다고 보며 실제로 2백만 원~1천만 원 내외로 월 5%~10% 이상의 수익을 꾸준히 내는 사례도 있다. 적절한 투자금과 회전율을 통한 수익모델이 중요하다.

4차 산업혁명은 이미 도래했으며 구글의 알파고가 수익을 주는 '머니고'로 우리 앞에 나타날 날이 머지않은 것 같다. 그때까지는 충분한 모의 투자를 거쳐 직접 검증할 수 있는 프로그램을 선택하여 장기간 연구하는 게 현명하다.

우리는 삶에서 다양한 자동매매 프로그램과 높은 수익률을 보장한다는 광고 속에 노출되어 있는데, 우리가 직접 테스트할 시간과 넉넉한 사용 기간을 주는 경우는 거의 없다. 필자도 광고를 보면 혹한다. 정말 돈을 벌어 줄 것 같은데 회비가 얼만지, 사용료가 얼만지, 정말 자동매매가 돈을 벌어 주는지, 유료 리딩을 받으면 정말 수익을 낼 수 있는 건지, 광고만 보면 정말 한 달에 몇십만, 몇백만이라도 돈 주고 사용하고 싶은 게 솔직한 심정이다. 정말 수익만 내주면 당장이라도 사용하겠지만 이 계통에 보장은 없고 사기는 만연하다. 최근 뉴스를 보면 아직도 일부 상장사 임원들이 작전에 가담하는데 누굴 믿겠는가? 광고도 믿지 말고, 아무도 믿지 말자. 오직 훌륭한 도구와 자신의 노력으로 수익모델을 탄생시켜야만 소중한 자산을 지킬 수 있다.

TIP

수익을 보장한다는 광고의 마지막 말은 '투자금 손실은 투자자의 몫'이다.

이 시대의 현명한 투자자

자동매매는 사용자가 꾸준히 연구하고 검증할 시간을 주는 프로그램을 선택해야 한다. 그냥 자동으로 돈을 벌어주는 시스템은 이 세상 어디에도 없기 때문이다.

국내의 자동매매 프로그램 종류는 수없이 많다. 하지만 장기간 서비스를 유지하는 업체는 굉장히 드물다. 대부분의 업체가 6개월에서 1년이면 서비스를 중단하는데, 필자가 사용해 봐도 좋은 프로그램인 경우가 많았다. 하지만 복잡한 기능과 설정으로 인해 사용하기가 까다로워서 사용자들이 이탈하는 것으로 추측된다.

자동매매 프로그램을 선택하는 최고의 방법은 다음과 같다.

1. 오랜 기간 부담 없이 연구할 수 있는지
2. 사용하기 쉽고 복잡하지는 않은지
3. 수익모델을 만들 때까지 특별한 제한 없이 무료 사용이 가능한지
4. 유료 사용 시 가격은 자본금 대비 적당한 사용료인지

이와 같이 종합적인 판단을 하고 한 가지를 골라 충분한 시간을 들여 기술을 익혀 보자. 현명한 투자자는 자유롭게 아무 비용 없이 수익모델을 만드는 그날까지 자동매매 프로그램을 사용할 수 있어야 한다. 번개 트레이더를 선택한 사용자는 현명한 투자자다. 지식과 기술은 공유하며 나누고 살아가야 우리의 삶이 윤택해진다고 생각하며, 오픈 마인드로 여러분과 함께할 것이다.

7장

수익모델
개발하기

실전 경험을 바탕으로 수익모델을 빠르게 완성하는 활용 비기를
안내한다.

7-1
시장을 이기는 수익모델

시장을 이기는 마법 같은 수익모델은 이미 완성된 검색식과 설정값을 사용한다면 누구나 1초 만에 적용할 수 있다. 손 매매기법은 불가능하지만, 자동매매는 순간 복제가 가능하여 수익모델을 확보하는 방법이 다양하기 때문이다. 하지만 일반적인 방법으로는 자신이 직접 아래와 같은 철저한 단계를 거쳐 만들어야 한다.

· 1단계 : 모의투자 일주일 검증 후 지속 테스트 또는 폐기 여부 결정
· 2단계 : 모의투자 1개월 테스트 및 검색식과 대응 전략 수정
· 3단계 : 한 달간 모의투자 후 폐기 여부 결정
· 4단계 : 소액 투자 종목당 1만 원~10만 원으로 일주일 검증 및 검색식과 대응 전략 수정
· 5단계 : 한 달간 소액 투자 후 폐기 여부 결정
· 6단계 : 생존모델은 투자금 30만 원~1백만 원으로 상향조정
· 7단계 : 6개월 이상의 실전 투자 진행
· 8단계 : 생존모델은 투자금 5백만~1천만 원으로 상향조정

조건검색을 이용한 주식 자동매매 완전정복

시스템 트레이딩 운용 장비

컴퓨터, 노트북, 가상서버, 클라우드 서버(아마존 서버) 등으로 테스트를 진행한다. 아마존 EC 2 서버는 1년간 무료 사용도 가능하며 1시간에 몇백 원 수준으로 매일 아침에 동시에 돌려도 월 비용이 크게 들어가지 않는다. 대부분 장 초반 1시간 이내로 테스트를 마친 후 서버를 정지시키면 더 이상 요금이 부과되지 않아 수익모델을 개발하는 데 많은 도움을 주며 시행착오를 겪는 시간 또한 단축해 준다. 구글, 네이버에 검색하면 아마존 서버 무료 구축에 관한 많은 정보가 있으니 참고하자.

수익모델 공유 조건

수익모델을 공유하면 어떤 일이 벌어질까? 시스템에 따라 다르겠지만 자멸하여 사라지는 모델도 있겠고 시너지 효과가 발휘되어 좋은 결과가 나오는 모델도 있다.

공유가 가능한 수익모델로는 거래량과 거래 대금이 풍부한 주도주 위주의 전략이 있겠다. 반면 공유가 불가능한 수익모델은 매매되는 종목, 설정값도 공개하지 않는다. 이런 종류의 수익모델은 투자금이 많아지면 다 같이 죽는다. 수익이 발생하던 조건식도 투자금이 높아지면서 손실로 바뀌는 경우가 종종 생기므로 수익모델로 완성한 조건식의 공유는 신중하게 판단하여야 한다.

7-2
수익모델의 탄생

수익모델을 완성하려면 대응 전략이 뛰어나야 한다

물론 조건검색식도 중요하지만, 대응 전략이 제대로 갖춰져 있지 않다면 수익을 충분히 확보할 수 없다. 예측은 신의 영역이고 대응은 트레이더의 영역이다. 예측하고 감으로 하는 투자는 결국은 손실로 이어진다. 시스템 트레이딩은 확률과 통계로 종목을 검색하고 전략적인 대응으로 기계적인 매매를 하는 방법이다.

수익모델의 탄생은 '어떠한 대응 전략으로 자동매매 프로그램을 사용하는가'에 달려 있다. 내가 생각하는 전략이 어떻게 하면 프로그램 내에서 구현될지를 충분히 고민해 보자. 이때 자동매매 프로그램에서 제공하는 모든 기능을 빠짐없이 숙지하고 활용할 수 있어야 완벽한 전략 설정이 가능해진다. 그러나 사용 중인 프로그램의 설정이 너무 방대하거나 일관성이 없으면 사용자는 혼란스럽고 기능을 제대로 활용할 수도 없다.

본 서에서 사용할 자동매매 프로그램은 2016년부터 개발되어 2017년에 상용 서비스를 시작한 국내 최장수 프로그램으로 모든 국민이 쉽고 편리하게 사용함을 모토로 개발되었다. 자동매매 프로그램에 대한 충분한 이해와 전략 설정을 열심히 익히다 보면 어느새 '주식 시장을 이기는 마법 같은 수익모델'이 탄생할 것이다.

7-3
고수와 하수 차이

자동매매 하수는 뭐든 적당히 하며 포기가 빠르다. 또한 노력하지 않고 열정이 없으며 목표가 없다. (꿈이 없다.) 반면 고수는 끊임없이 노력하고 욕심을 많이 부리지 않는다. 자신만의 원칙을 정하고 반드시 지키며, 항상 긍정적이고 마인드 관리에 최선을 다한다.

7-4
서두르면 쪽박

시장에서 오래 살아남는 사람이 승자다. 자동매매도 서두르면 쪽박이고 성급함이 화를 부른다. 철저한 검증 단계를 건너뛰면 시간이 절약될 것 같은 착각에 빠지게 되는 수가 있다. 또한 기가 막힌 검색식을 구상하여 내일의 장이 기다려지고 설레어서 잠이 오지 않는 때도 있다. 하지만 대게 그런 경우는 쪽박이며, 좋지 않은 결과가 대부분이다. 그러므로 무조건 모의투자와 소액 투자로 검증해야 한다.

며칠 결과가 좋다고 투자금을 확 높여 버리면 처참하게 깨진다. 투자금은 서서히 신중하게 검증하며 높여야 한다. 경력자일 경우 모의투자 단계를 생략하고 소액으로 검증하는 과정을 통해 시간을 단축할 수도 있다. 어떤 방식이 유리한지 본인의 상황에 맞게 잘 선택해서 진행하자.

조건검색식 예제 수록

조건검색식을 작성하고 대응 전략을 설정하는 과정 실습

　조건검색식은 일단 다른 사람들이 만든 것을 많이 보고 배워야 한다. 지표를 잘 이해해야 제대로 작성할 수 있기 때문이다. 지표가 이해되지 않을 때는 직접 작성 후 검색되는 종목과 차트를 살펴보자. 조건이 너무 까다로우면 1년 내내 1종목도 검색되지 않을 수 있으니 유의하자.

　간단한 지표만으로도 수익 나는 조건식을 충분히 만들 수 있다. 이제 장 초반에 급등하는 종목들을 검출하여 짧은 시간에 매매를 마무리하는 '시초가 검색식' 작성 과정을 세세히 안내한다.

1단계. 영웅문 4에서 매수 조건식 작성하기

　조건검색-대상변경 선택 후 부실주를 걸러내기 위해 '제외종목'을 그린 7-1과 같이 체크한다. (관리종목, 투자경고/위험, 우선주, 기대징지,

정리매매, ETF, 스팩, ETN, 초저유동성종목)

그림 7-1. 대상변경 작성하기

2단계. 각종 지표 추가하기

다음과 같이 시세분석-가격조건-주가범위를 찾아 1,100원 이상~28,000
원 이하 범위를 작성하고 '추가'를 클릭한다.

[지표 작성]
A : 주가범위 : 0일 전 종가가 1,100 이상 28,000 이하

조건검색을 이용한 주식 자동매매 완전정복

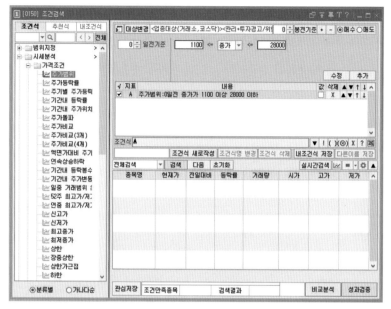

그림 7-2. 주가범위 추가하기

이렇게 A 지표를 하나 추가하고 '검색'을 하면 1,100~28,000원 사이의 종목만을 검색하여 결과로 보여 준다. 이 경우 682개의 종목이 검색되었는데 이렇게 많은 종목을 매매하는 건 비효율적이므로 순차적으로 지표를 추가하여 종목 수를 줄여 나가도록 하자.

이제 B 지표를 작성할 차례다. 주가등락률을 설정하여 음봉으로 출발하거나 15% 이상의 높은 가격으로 출발하는 종목을 거르는 작업이다. 장시작이 되고 주가가 1% 이상~15% 이하로 형성된 종목만 검출하게 만든다. B 지표를 추가하고 검색을 클릭하면 342개 정도의 종목을 보여 준다. 지표 하나 수가도 검색되는 종목이 절반으로 줄어든다. 이런 식으로 본

인이 원하는 지표를 하나씩 추가하고 결과를 보면서 수정하는 작업을
진행하여 최종적으로 1~25개 이하 정도의 종목이 검출되게 만들면 된
다. 너무 많은 종목이 검출되는 조건식은 자동매매에 비효율적이다.

[지표 작성]

A : 주가범위 : 0일 전 종가가 1,100 이상 28,000 이하

B : 주가등락률 : [일] 1봉 전(중) 종가대비 0봉 전 종가등락률 1% 이상 15% 이하

그림 7-3. 주가등락률 추가하기

다음은 세 번째 지표인 체결 강도를 추가하자. 조건식을 처음 작성하는
경우는 아무리 찾아봐도 체결 강도가 어디 있는지 알 수가 없다. 이럴 땐
돋보기 모양의 검색 기능을 활용하면 아주 쉽게 원하는 지표를 찾을 수

조건검색을 이용한 주식 자동매매 완전정복

있다. 체결 강도를 100%~1,000% 이하로 작성 후 추가한 뒤 검색하면 194
개 정도의 종목이 검출된다.

[지표 작성]

A : 주가범위 : 0일 전 종가가 1,100 이상 28,000 이하

B : 주가등락률 : [일] 1봉 전(중) 종가대비 0봉 전 종가등락률 1% 이상 15% 이하

C : 체결강도 100.0% 이상 1000.0% 이하

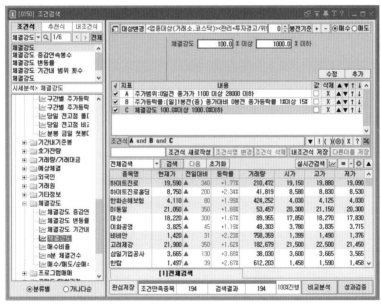

그림 7-4. 체결 강도 쉽게 찾기

총 8개의 지표를 작성하면 다음과 같이 종목 수가 10개 정도로 줄어든
다. 조건검색은 실시간이라 작성한 지표를 충족하는 종목들이 장중에는
계속 번히 면시 검출된디.

[지표 작성]

A : 주가범위 : 0일 전 종가가 1,100 이상 28,000 이하

B : 주가등락률 : [일] 1봉 전(중) 종가대비 0봉 전 종가등락률 1% 이상 15% 이하

C : 체결강도 100.0% 이상 1000.0% 이하

D : 주가비교 : [일] 0봉 전 금일시가 〈 0봉 전 종가

E : 거래량비율 : [일] 5봉 평균(0봉 전)거래량 대비 동일주기 0봉 전 70% 이상

F : [일] 거래량 : 300,000 이상 999999999 이하

G : 주가등락률 : [일] 1봉 전(중) 종가대비 0봉 전 고가등락률 10% 이상

H : 주가등락률 : [일] 1봉 전(중) 종가대비 0봉 전 종가등락률 7% 이상

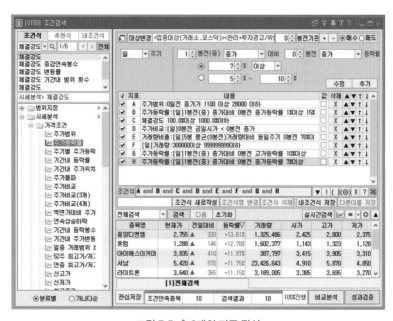

그림 7-5. 총 8개의 지표 작성

내가 원하는 지표를 모두 추가하였으면 마지막으로 '내조건식 저장'을

클릭하여 적절한 매수 조건식 명칭을 정하고 저장하자. 지금까지 작성한 조건식은 검증이 되지 않은 조건식이므로 모의투자 테스트 용도로만 사용하길 권장한다.

다음은 번개트레이더를 실행하여 자동매매 설정 창을 열고 위에서 작성한 조건식을 매수 조건식으로 선택하자. 우선 기본적인 전략 설정을 하여 자동매매를 실행해 볼 것이다. 다음 그림은 아주 기본적인 설정이다. 종목익절 5%, 종목손절 -3.6%로 설정하고 테스트를 진행하며 추가적인 옵션과 수익률을 조절해 나가자.

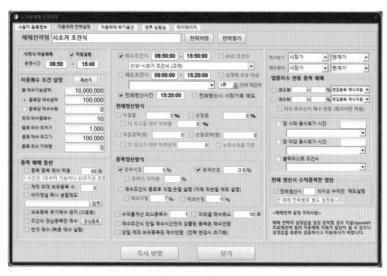

그림 7-6. 자동매매 설정하기

설정을 완료하고 전략을 저장하여 번개트레이더를 재실행하면 자동매매가 시작 된다.

7-6
키움 실전투자대회 참가 기록
(2016년 11월)

시스템 트레이딩으로 참가한 2016년 키움 실전투자대회 결과를 공유하여 시스템 트레이딩의 가능성을 알리고 실전에서 수익모델을 개발하는 단계별 가이드를 제시한다.

아래와 같은 단계별 과정을 거치고 실전투자대회에 시스템 트레이딩으로 참가하였다.

· 1단계 : 모의투자 일주일 검증 후 지속 테스트 또는 폐기 여부 결정
· 2단계 : 모의투자 1개월 테스트 및 검색식과 대응 전략 수정
· 3단계 : 한 달간 모의투자 후 폐기 여부 결정
· 4단계 : 소액 투자 종목당 1만 원~10만 원으로 일주일 검증 및 검색
　　　　식과 대응 전략 수정
· 5단계 : 한 달간 소액 투자 후 폐기 여부 결정
· 6단계 : 생존모델의 투자금 30만 원~1백만 원으로 상향조정
· 7단계 : 6개월 이상의 실전 투자 진행

· 8단계 : 생존모델의 투자금 1천만 원으로 상향조정

· 9단계 : 투자금 변동 없이 실전 매매

다음의 실전투자대회 결과는 7단계 실전 투자 검증을 마치고 8단계를
6개월 이상 진행한 뒤, 2016년 키움 실전투자대회에 참가시킨 실제 수익
모델이다.

· 사용한 검색식 : 키움 급등주 검색식

· 사용한 프로그램 : 번개트레이더

· 투자 원금 : 3천만 원, 스펙트럼 플러스 증거금제 미수 사용

· 수익모델 : 당일 시초가 단타 모델(당일 청산으로 보유종목 없음)

그림 7-7. 키움 실전투자대회 23위

최종 결과로는 3천만 원 참가 부문 '23위'로, 손 매매 등의 개입 없이 '순수 자동매매'만으로 달성한 수치이므로 유의미한 성적을 거두었다고 필자는 판단한다.

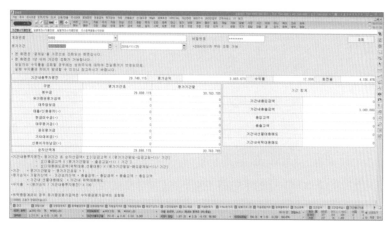

그림 7-8. 키움 실전투자대회 실제 계좌

그림 7-9. 키움 실전투자대회 실제 구동 화면

조건검색을 이용한 주식 자동매매 완전정복

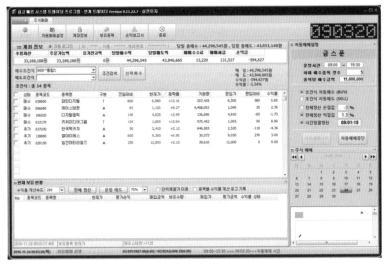

그림 7-10. 키움 실전투자대회 실제 구동 화면

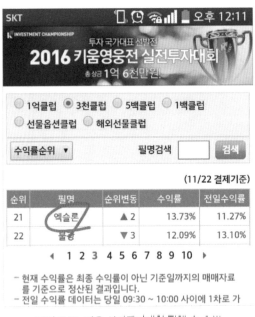

그림 7-11. 키움 실전투자대회 진행 중 순위

그림 7-12. 키움 실전투자대회 진행 중 화면 1

그림 7-13. 키움 실전투자대회 진행 중 화면 2

조건검색을 이용한 주식 자동매매 완전정복

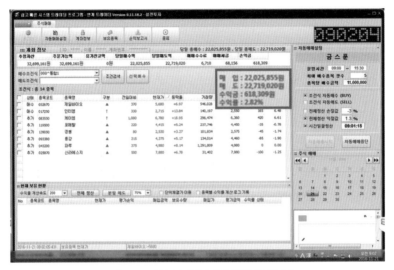

그림 7-14. 키움 실전투자대회 진행 중 화면 3

그림 7-15. 키움 실전투자대회 진행 중 화면 4

그림 7-16. 키움 실전투자대회 진행 중 화면 5

그림 7-17. 키움 실전투자대회 진행 중 화면 6

조건검색을 이용한 주식 자동매매 완전정복

그림 7-18. 키움 실전투자대회 진행 중 화면 7

그림 7-19. 키움 실전투자대회 진행 중 화면 8

8장

전략 설정하고
개선하기

실전에서 사용하는 프로그램을 해부하며 전략을 설정하고 모의투
자로 전략과 조건식을 개선하는 방법에 대해 안내한다.

8-1
실전 전략 설정

종합적인 대응 전략의 기본 모델

번개트레이더의 모든 기능을 종합적으로 활용한 설정값으로 자동매매 설정창의 옵션별 기능을 충분히 이해해야 응용과 활용이 가능하다. 매도 조건식과 손절률, 손절금액을 제외한 대부분 기능을 사용하였다.

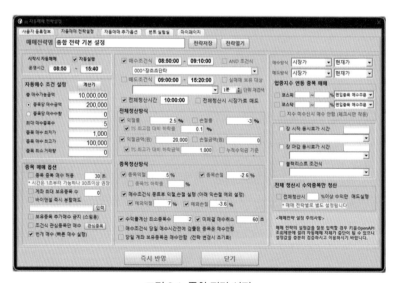

그림 8-1. 종합 전략 설정

조건검색을 이용한 주식 자동매매 완전정복

종합 전략 해설

1. 아침 8시 50분에 자동매매를 시작하여 20만 원씩 5종목을 매수하는데, 이때 주당 1,000원~100,000원 이하인 종목만 매수한다.

2. 매수 조건식의 매수 가능 시간은 9시부터 9시 10분까지며, 매도 조건식은 미사용한다.

3. 9시부터 매수를 시작하는데 '번개 매수' 기능은 09:00:30까지 작동되고 그 이후엔 일반 매수로 자동 전환된다.

4. 매수주문을 하였으나 미체결된 종목은 60초가 지나면 자동으로 취소된다.

5. 9시 10분까지는 종목 청산 방식의 예외익절 7%, 예외손절 -3.6%, 전체 청산 방식의 익절금액 20,000+TS 1,000원만 작동된다. ('매수 조건식 종료 후 익절, 손절 실행' 옵션에 체크되어 있으므로 종목익절, 종목 손절은 09:10 이후 작동)

6. 수익률 계산 최소종목 수 2종목을 충족하면 전체 청산 방식의 익절률 2.5%+TS 0.1% 옵션이 작동을 시작한다.

7. 오전 10시가 되면 '전체 청산 시간' 옵션으로 전체 청산이 진행되며 매매가 종료된다.

8. 장 초반 휩소를 피하기 위해 익절, 손절값을 크게 설정하고 종목 수와 관계없이 목푯값(익절금액 20,000원)에 도달하면 전체 청산으로 매매를 종료한다. 목푯값에 도달하지 못하였다면 2종목부터 작동되는 익절률 2.5%(9,000원~)로 목표가 하향되어 최대한 안전하게 매매를 종료한다.

9. 위 설정값은 종합적인 대응을 위한 예제이므로 본인이 사용하는 조건식의 특성을 살려 익절, 손절, 목표금액 등을 비율에 맞게 조절해서 사용한다.

10. 같은 조건식이라도 대응 전략이 어떤 방식으로 구성되느냐에 따라 수익과 손실이 결정된다. 각 기능의 조합에 대한 반복된 설정 비교 연습을 통해 익혀 나간다면, 최강의 전략으로 좋은 수익모델을 만들 수 있을 것이다.

8-2
시초가 매매 전략

시초가 대응 전략 공개

이번 장에 소개할 전략은 시초가 매매 시 휩소를 피하기 위한 설정법으로, 장 초반에 호가창이 탄탄하지 않은 실전에서 쓰기 유용하다. 급등주 자동매매 시 손절 옵션을 -2%~-4% 내외로 설정했을 경우 분명히 주가는 오르고 있는데 갑자기 손절이 나가 당황해서 오르는 주가만 쳐다보는 일도 있고, '뭔가 잘못된 게 아닌가?' 하는 오해가 자주 발생한다.

그림 8-2의 체결 창을 보면 순간적으로 60주 매도로 인해 약 -4% 폭락하게 되며 시스템 손절이 자동으로 나가게 된다. 이후 주가는 상승 및 급락을 하는 등 잦은 변동을 보이며 초반 상승을 유지한다.

09:00:05 18,700원(211주 매수)
09:00:06 17,950원(60주 매도)
09:00:06 18,700원(55주 매수)

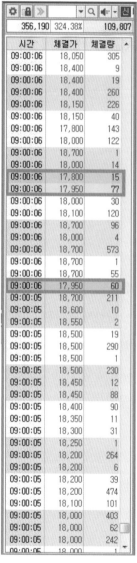

그림 8-2. 순간 급락 후 급등

이와 같은 어이없는 장 초반, 순간 급락 손절을 피하는 기능이 번트에

조건검색을 이용한 주식 자동매매 완전정복

내장되어 있는데 다음과 같은 설정이다. 주의할 점은 매수 시간이 너무 길면 유용하지 않으니 매수 시간이 짧은 시초가 매매 전략에 권장한다.

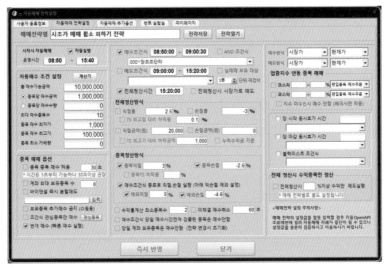

그림 8-3. 시초가 매매 휩소 피하기

시초가 대응 전략 해설

1. 매수조건식 09:00:00~09:00:30 : 9시부터 30초 동안만 종목 매수를 진행한다.
2. 매수조건식 종료 후 익절, 손절 실행 : 종목 매수가 끝나는 30초부터 종목익절(3%), 종목손절(-2.6%) 옵션의 작동이 시작된다.
3. 예외익절 5%, 예외손절 -4.6% : 이 기능은 모든 옵션을 무시하고 9시부터 작동이 시작된다.

이러한 전략적 대응이면 순간 -4% 급락을 해도 손절이 나가지 않게 된다. 이때 매수 시간이 끝나는 30초부터 종목 손절이 작동되어 오르는 주식의 수익을 안정적으로 확보할 수 있다. 만일 이 종목이 순간 급락이 아닌, 정말 하락하는 종목이라면 예외손절 -4.6%에 무조건 손절이 작동된다.

이 설정이 100% 정답은 아니지만 실전에서 많이 당한 필자의 경험을 통해 만들어졌으므로 여러분의 시행착오를 크게 줄여줄 수는 있을 것이다.

8-3
레버리지 풀 베팅 전략

본 전략은 조건식에 대한 확실한 검증과 꾸준한 수익이 보장되는 경우에만 사용하는 '최대 레버리지'를 활용하여 수익을 극대화하는 방법이다. 잘못하면 손실도 극대화되므로 검증된 조건검색식이 아니면 사용하지 않는 것을 권장한다.

레버리지 미수 활용 전략(특수 전략 원금 500만 원)

1. 소자본 풀 베팅 전략
2. 스펙트럼 증거금제를 이용함
3. 투자 원금을 1종목에 풀 베팅

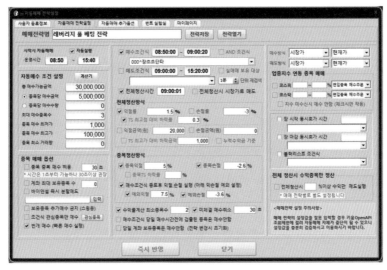

그림 8-4. 레버리지 풀 베팅 전략

8-4
소자본 고소득 반복 매매 전략

소자본으로 회전율을 높여 고소득을 창출하는 전략이다.

번개트레이더의 '전체 청산 후 반복 매매' 기능을 이용하여 적은 자본으로도 회전율을 높여 고수익을 창출하지만, 반대로 큰 손실이 발생할 수 있는 전략이므로 소액 매매로 충분히 검증해야 한다.

1. 정해진 시간 동안 1종목씩 반복 매매를 한다.
2. 전체 청산 트레일링 스탑(TS) 기능을 이용한다.
3. 손절은 짧게 수익은 길게 가져간다.
4. 순차적으로 여러 종목을 장 초반 짧은 시간에 매매하여 수익을 높인다.
5. 번개트레이더 메인 화면의 '전체 청산 후 반복 매매' 옵션에 체크한다.

그림 8-5. 전체 청산 후 반복 매매

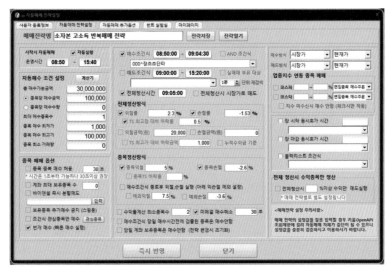

그림 8-6. 소자본 고소득 전략

소자본 고소득 전략 해설

1. 종목당 투자금 : 10만 원
2. 최대 매수 종목 수 : 1종목 청산 후 정해진 시간까지 반복하여 매매
3. 전체 청산 시간 : 9시 5분에 전체 청산 후 매매 종료
4. 전체 청산 방식 : 익절률, 손절률 트레일링 스탑 하한률만 사용

시초가부터 1종목을 매수하고 손절 -1.33%, 익절 2.33%+TS 0.5%를 사용하여 1종목이 청산되면 추가로 검색되는 종목을 5분간 연달아 매매하는 전략이다. 손절은 짧게 주고 급등하는 주식은 고점까지 추적하여 TS로 익절한다. 소자본 고소득 전략에 사용되는 검색식은 장 초반 급등할 수 있는 다수의 종목이 많이 검색되는 조건식이 좋다. (모니터링은 필수다.)

8-5
복합 전략 해설서(최상급)

매도 전략을 심도 있게 구성한 복합 전략으로 설정값에 대한 이해가 선결되어야 사용할 수 있다.

- 옵션을 많이 사용하고 종목 수가 많을수록 전체 청산 시 매도에 시간 이 많이 소요된다.
- 복합 전략은 절대적으로 기능에 대한 숙지를 하고 사용해야 한다.
- 단순한 종목 익절, 종목 손절 사용이 빠른 매도 처리에는 유리하다.
- 아래에 설명한 '옵션별 기능' 숙지와 '조합으로 작동되는 기능'을 숙지 하면 최상의 전략이 가능하다.

1. 종목당 매수 금액 설정

투자 원금과 종목당 매수 금액이 맞지 않으면 증거금 부족으로 매수가 안 되니 주의하여 배분하자.

· 투자 원금 : 1백만 원(약간은 여유 있게 넣어야 증거금 부족을 방지
   한다.)
· 증거금제 : 스펙트럼 증거금제
· 종목 수 : 2종목
· 조건식 평균적으로 검출되는 종목의 최소 수익률이 3%~10% 이상을
   기준으로 작성한 전략

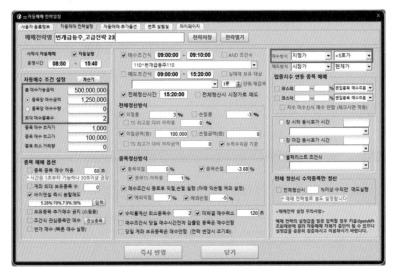

그림 8-7. 매수 금액

　　지정가 +5호가를 사용하는 이유는 거래량 없이 급등하는 종목을 높게
사지 않겠다는 의미이다. 시장가로 지정할 경우 30%의 추가 증거금이
필요하여 불필요한 자금을 추가로 넣고 있어야 한다. 지정가 +5호가는
약 1%~2.5%의 추가 증거금만 있으면 된다.

미수를 고려하여 총투자금 250만 원을 기준으로 전략을 설명한다. 250만 원을 매수하려면 증거금 40% 기준, 현금 예수금 100만 원이 있으면 되는데 +5호가를 고려하여 1,025,000원 정도의 예수금이 필요하다. 미수거래 시 1원이라도 부족하면 주문이 성립되지 않으니 유의하자.

2. 이중 익절, 손절 대응 방식

'매수 조건식 종료 후 익절, 손절 실행' 옵션은 매수 조건식에 설정한 시간이 끝나야 종목익절, 종목손절이 작동되는 방식이다. 다음의 사진을 보면 9시 10분까지 매수가 가능하여 종목익절 5%, 종목손절 -3.68% 옵션은 9시 10분부터 작동된다.

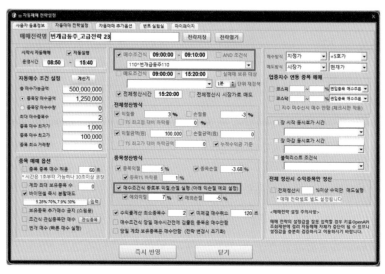

그림 8-8. 백만원 전략

조건검색을 이용한 주식 자동매매 완전정복

2.1. 종목익절, 종목손절이 작동되지 않는 시간

이때는 다음과 같이 예외익절 7%, 예외손절 -5%가 작동된다. 9시~9시 10분까지는 예외익절과 예외손절이 작동된다는 의미이다.

다음 그림에서 종목익절, 종목 손절은 9시~9시 10분까지 작동되고 예외익절, 예외손절은 9시 10분~운영시간까지 작동된다.

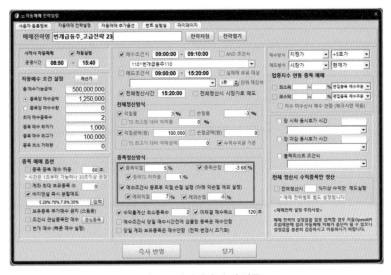

그림 8-9. 예외익절, 손절 작동

3. 바이앤셀(바셀)은 주문 수량이 전량 체결될 때만 지정가 분할매도 주문이 실행된다

· 미체결 수량이 1주라도 있으면 바셀은 실행되지 않으니 유의하자.

· 바셀 주문은 장 마감까지 유효하며 장이 끝나도 미체결 상태면 자동으로 취소된다.

· 다음 그림의 설정은 수익률 5.28%에 70% 지정가 매도, 7.9%에 30% 지정가 매도이며 바셀 주문은 수수료와 세금이 공제되지 않은 값으로 5.28%에 매도체결이 되면 5% 전후의 수익이 발생한다.

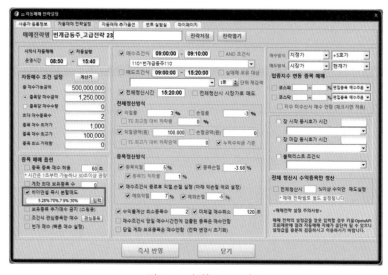

그림 8-10. 바셀(buy & sell)

4. 전체 청산 방식 익절률 3%(수익률 계산 최소종목 수 2)

전체 청산 방식의 익절률, 손절률은 '수익률 계산 최소종목 수' 옵션 체크 시 2종목을 충족해야 작동한다. 2종목의 합계 수익률이 3%가 넘어야 전체 청산이 작동되고 바셀 매도로 일부가 남은 경우 2종목을 충족하므로 지속적으로 작동된다.

조건검색을 이용한 주식 자동매매 완전정복

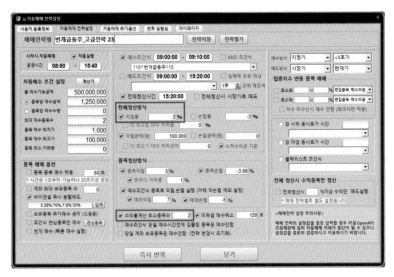

그림 8-11. 전체 익절률

5. 익절금액 100,000원(누적 수익금 기준)

전체 청산 방식의 익절금액 100,000원(누적 수익금 기준)은 9시부터 무조건 작동되는 기능이다. 다른 옵션을 무시하고 익절금액의 목표치는 항상 작동된다. 바셀로 매도되고 종목 TS가 작동되다가 누적 수익금에 도달하면 바로 전체 청산이 발동된다.

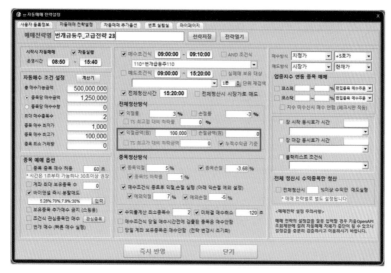

그림 8-12. 누적 수익금 기준

6. 복합 전략 해설

이와 같은 설정은 최소한 5가지 방식의 익절 방식이 동시에 작동되는 전략으로 동시 작동 중이라도 먼저 충족되는 값에 의해 매도되어 리스크를 최소화하고 최대한의 수익을 안전하게 낼 수 있는 최상의 전략이다.

· 종목 익절인 경우
  - 종목당 목표 수익률은 제세공과금을 제하고 5% 목표 : 62,500원
  - 2종목 합계 목표 : 125,000원

· 2종목이 매수되어 전체 청산인 경우

- 익절률 3% : 75,000원

· 1종목 익절 후 2종목째 누적수익금 전체 청산인 경우
  - 익절금액 : 100,000원

이 전략은 전체 청산 누적 수익금으로 청산되는 경우가 제일 많고 그다음은 전체 청산 익절률로 마감된다. 언뜻 보기엔 '전체 청산 익절률이 75,000원'이라 '전체 청산 익절금액 100,000원'보다 먼저 충족될 것 같지만 2종목이 매수되었을 때 동시에 상승하는 경우보다 반대 방향으로 움직이는 경우가 많다. 그래서 1종목이 바셀로 익절되며 누적 수익금이 쌓이고 잔량과 두 번째 종목이 반등을 약간만 해 주면 전체 청산 익절금액 100,000원에 도달해 청산되는 경우가 많은 최적의 전략이다.

이 전략은 손실이 적고 원금 대비 수익도 극대화된다. 고가의 스마트폰을 전화기 용도로만 사용하는 사람도 있고 컴퓨터 대용으로 갖가지 기능을 모두 활용하는 사람도 있다. 번개트레이더의 복합 전략은 막강한 위력을 지니고 있으니 여러분도 쉬운 전략부터 숙지하여 강력한 복합 전략을 경험해 보길 바란다.

8-6
키움 실전투자대회 참가 기록
(2017년 11월)

그림 8-13. 2017년 키움 실전투자대회 기록

조건검색을 이용한 주식 자동매매 완전정복

No	날짜	당일매수액	당일매도액	매매수수료	매매세금	수익률	수익금	누적수익금
1	2017/11/24	7,469,055	7,755,780	2,280	23,260	3.51%	261,185	1,329,374원
2	2017/11/23	5,007,320	4,891,230	1,480	14,672	-2.65%	-132,242	1,068,189원
3	2017/11/22	5,355,560	5,562,310	1,630	16,683	3.53%	188,437	1,200,431원
4	2017/11/21	5,280,000	5,445,600	1,600	16,334	2.81%	147,666	1,011,994원
5	2017/11/20	5,546,010	5,731,060	1,690	17,190	3.01%	166,180	864,328원
6	2017/11/17	5,354,550	5,289,125	1,590	15,866	-1.55%	-82,881	698,148원
7	2017/11/16	5,033,160	5,171,665	1,530	15,510	2.42%	121,475	781,029원
8	2017/11/15	5,196,220	5,188,860	1,550	15,566	-0.47%	-24,466	659,554원
9	2017/11/14	5,317,495	5,409,465	1,600	16,227	1.40%	74,143	684,020원
10	2017/11/13	5,229,355	5,306,080	1,580	15,917	1.14%	59,238	609,877원
11	2017/11/10	5,408,600	5,589,600	1,640	16,765	3.02%	162,595	550,639원
12	2017/11/09	5,267,200	5,156,060	1,560	15,467	-2.44%	-128,167	388,044원
13	2017/11/08	5,348,970	5,554,365	1,630	16,661	3.51%	187,104	516,211원
14	2017/11/07	5,260,320	5,450,010	1,600	16,348	3.28%	171,752	329,107원
15	2017/11/06	5,267,500	5,127,800	1,550	15,382	-2.98%	-156,632	157,355원
16	2017/11/03	5,372,850	5,569,590	1,640	16,705	3.33%	178,405	313,987원

평균매수금액 : 5,283,622원 , 총 수익금액 : 1,329,374원 (25.16%)

그림 8-14. 대회 기간 중 손익보고서

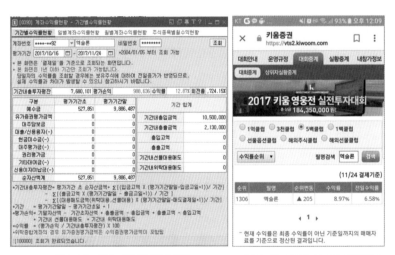

그림 8-15. 대회 기간 중 계좌 현황   그림 8-16. 2017년 키움 실전투자
대회 최종 결과

8-7
번트 연금 실전 매매 기록
(2021년)

2021년 소액 실전 자동매매로 6개월간 누적 수익률 100%를 달성한 기록.

번트 연금 조건식은 5년 이상의 수급 매매 연구를 통한 장 초반 수급 주 위주의 단타 매매 검색식으로, 수급 단타 매매의 표준이 되는 훌륭한 조건검색식이다. 2016년부터 장중 수급 단타 매매 조건검색식 연구를 시작하여 수많은 시행착오 끝에 2020년 8월부터 5개월간 모의투자로 검증을 시작하였고 2021년 1월부터 실전 투자로 전환하여 마침내 2021년 6월에 누적 수익률 100%를 달성하였다.

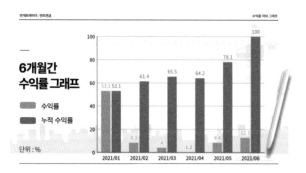

그림 8-17. 번트 연금 6개월간 수익률 그래프

조건검색을 이용한 주식 자동매매 완전정복

다음 그림은 번트 연금 조건식을 통해 매매된 종목의 시장별 비율 그래프다. 6개월간 누적 150개 종목(중복 포함)을 거래하였으며 그중 코스피 종목이 52개, 코스닥 종목이 98개가 거래되었다. 비율은 각각 34.6%, 65.3%다.

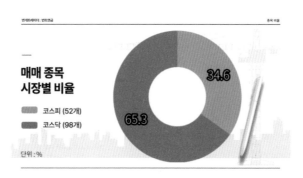

그림 8-18. 번트 연금 조건식으로 매매한 종목의 시장별 비율 그래프

다음 그림은 번트 연금 조건식을 이용한 6개월간의 자동매매 승률이다. 손절 57회, 익절 93회로 62%의 승률을 기록하였다.

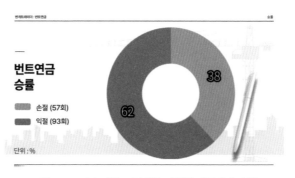

그림 8-19. 번트 연금 조건식을 이용한 자동매매 승률

BEST 종목

6개월간 매매된 번트 연금 조건식의 최고 수익률을 기록한 종목은 이루온으로, 6월 24일 6.42%의 수익을 내며 매매된 종목 중 수익률 1위를 달성하였다.

내역	거래일	종목명	매수 평균가	매수 수량	매수 매입금액	메모	매도 평균가	매도 수량	매도 매도금액	메모	수익률▽	정산
🖼	21/06/24	이루온	5,120	195	998,400	📄	5,463	195	1,065,250	📄	6.42%	
🖼	21/06/29	아이비김영	4,045	495	2,002,275	📄	4,295	495	2,126,140	📄	5.91%	
🖼	21/06/21	서한	2,230	448	999,040	📄	2,367	448	1,060,410	📄	5.87%	
🖼	21/01/22	상신브레이크	5,340	236	1,260,240	📄	5,665	236	1,336,970	📄	5.81%	
🖼	21/01/26	인지디스플레	4,156	301	1,250,955	📄	4,408	301	1,326,885	📄	5.80%	
🖼	21/01/20	무림SP	4,545	110	499,950	📄	4,821	110	530,310	📄	5.80%	
🖼	21/01/27	알로이스	3,615	342	1,236,330	📄	3,834	342	1,311,095	📄	5.77%	
🖼	21/01/21	제주반도체	4,850	257	1,246,450	📄	5,142	257	1,321,620	📄	5.76%	
🖼	21/01/28	알로이스	4,620	272	1,256,640	📄	4,896	272	1,331,750	📄	5.70%	
🖼	21/06/16	대원전선	3,295	303	998,385	📄	3,475	303	1,053,000	📄	5.20%	
🖼	21/05/17	카스	3,575	279	997,425	📄	3,769	279	1,051,610	📄	5.16%	
🖼	21/05/13	한국선재	5,681	175	994,230	📄	5,986	175	1,047,550	📄	5.09%	
🖼	21/05/24	한일단조	2,455	409	1,003,925	📄	2,586	409	1,057,615	📄	5.08%	

그림 8-20. 수익률 기준 BEST 종목

WORST 종목

6개월간 매매된 번트 연금 조건식의 최악의 수익률을 기록한 종목은 SM Life Design으로 3월 16일 -5.67%의 손실을 내며 매매 종목 중 최악의 수익률 1위를 기록하였다.

조건검색을 이용한 주식 자동매매 완전정복

그림 8-21. 수익률 기준 WORST 종목

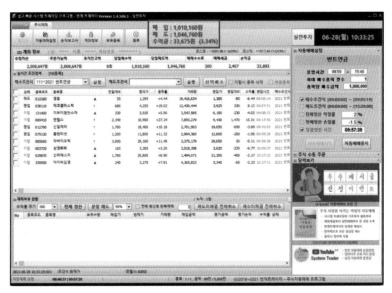

그림 8-22. 번트 연금 자동매매 화면

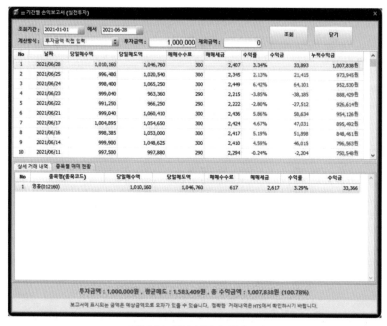

그림 8-23. 번트 연금 손익보고서

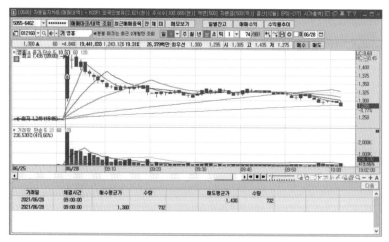

그림 8-24. 번트 연금 자동일지차트
출처 : 코스콤

8-8
전략 개선하기

자동매매를 처음 시작한다면 모의투자로 전략과 조건식을 개선하는 작업이 필요하다. 기본 설정으로 익절, 손절값을 ±3%로 설정하고 자동매매를 운용하며 검출되는 종목과 수익률, 손절률 등을 살펴보자. 이때 종목이 너무 많을 경우 조건식에서 지표를 수정하거나 지표 추가를 통하여 적당한 종목 수가 되도록 조절한다. 자동매매의 진행 과정과 경과를 살펴보며 종목별 수익률, 손절률 등을 참고하여 전략을 재구성한다.

1. 기본 설정 테스트

기본적인 테스트 방법에 대하여 알아보자. 조건식을 만들고 전략을 설정하여 모의투자로 자동매매를 시작하면 다음과 같은 사항을 체크해야 한다.

· 원하는 종목이 검출되는지
· 검출되는 종목 수는 적당한지

· 거래량이 너무 적지는 않은지

· 상승 종목과 하락 종목의 비율은 적절한지

· 검출 후 종목의 변동성은 충분한지

· 검출과 동시에 자동 매수는 잘되는지

· 설정한 익절, 손절값 부근에서 매도체결은 잘되는지

매매과정을 장중에 관찰해 보면 조건식이 잘 만들어졌는지, 수정이나 보완할 점이 무엇인지 등 조건식과 전략에 대한 보완점이 눈에 띄게 된다.

2. 전략 수정 후 테스트

장중 모의투자 테스트를 진행하며 조건식과 전략에 대한 구상을 하고 조건식 지표를 수정 및 추가하면서 전략을 수정해 나간다. 일주일 정도 모의투자를 진행하며 조건식과 전략의 개선 작업을 진행하여 어느 정도 안정적인 수익이 나온다면 1차 완성된 상태로 꾸준하게 자동매매를 진행한다. 동일한 종목을 매매해도 전략에 따라 수익률의 차이가 크게 발생한다. 모의투자를 통하여 꾸준히 전략을 개선하며 수익률 향상을 위해 노력하면 좋은 결과를 얻을 수 있다.

키움 실전투자대회와 번트 연금 등의 사례를 통해 모의투자가 아닌 실전 시스템 트레이딩으로 충분히 수익 실현이 가능함을 보여 주었다. 이외에도 남보다 앞선 시스템 트레이딩 입문자들은 꾸준하게 실전 투자를 위한 노력을 하며 수익모델을 개발하고 있다. 이 글을 읽는 독자 중에는

조건검색을 이용한 주식 자동매매 완전정복

아직 시스템 트레이딩에 입문하지 않았거나 어려워 보여 시도해 보지 않았던 분들도 많을 것이다. 이제라도 늦지 않았다. 여러분이 시스템 트레이딩을 배워서 충분히 활용하도록 모든 과정을 안내하였으니 나만의 월급 외 수익, 노후연금을 개발해 보기를 바란다.

마치며

지금까지 개인 투자자가 자동매매 시스템을 구축하는 방법에 대해 기초부터 심화 내용까지 자세히 알아보았습니다. 예전에는 꿈도 못 꾸던 개인용 자동매매 시스템을, 이제는 개인 투자자도 손쉽게 구축하고 연구할 수 있는 시대가 되었습니다. 이 책을 끝까지 읽으신 독자님은 분명히 이전과는 다른 시각으로 시스템 트레이딩에 임하게 될 것이라고 생각됩니다. 시스템 트레이딩에 처음 도전하시는 분들께서는 중간에 어려운 과정이 있더라도 포기하지 마시기 바랍니다. 분명히 그 어려움이, 훗날의 조건검색 개발과 전략 설정의 소중한 밑거름이 될 것입니다.

분량상 책에 소개되지 못한 내용과 실시간으로 올라오는 각종 노하우는 '번개트레이더 네이버 카페'를 통해 쉽고 빠르게 접하실 수 있습니다. 카페에서는 종종 회원님들께서 자발적으로 본인이 개발한 조건식과 자동매매 전략 설정 등을 공유하고 있습니다. 또한 실제 사용자들의 매매일지 등을 확인할 수 있으니 초보 투자자분들도 오셔서 함께 정보를 공유하고 나누면 분명히 좋은 기회가 될 것이라 확신합니다. 이제 꾸준한 연구를 통해 나만의 수익모델을 완성할 기회가 여러분 가까이에 다가왔습니다. 부디 이 기회를 놓치지 마시고 적극적으로 활용하셔서 경제적 자유를 이루시길 바랍니다.

자동매매
용어 정리

자동매매를 능숙하게 다루기 위해서는 가장 기본적인 용어의 이해
가 필요하다. 주식의 기초 지식은 다른 자료나 강의를 통해 배우고
이 책에서는 자동매매에 필요한 지식의 습득을 목표로 한다.

[자동매매]

시스템 트레이딩으로 알려진 자동매매는 컴퓨터와 프로그램을 활용하여 사전에 설정된 값으로 종목의 매수와 매도를 자동으로 실행해 주는 도구다. 초기 설정 한 번으로 365일 자동매매가 가능하다.

[키움 증권 Open API(Application Programming Interface)]

키움증권에서 개발자들에게 무료로 제공 중인 자동매매 프로그램 제작용 공개 도구다.

[키움증권 조건검색]

키움증권에서 HTS로 제공하는 각종 지표를 이용하여 원하는 종목을 빠르게 검색하는 목적으로 사용된다. 조건검색식은 직접 제작하거나 공유를 통해 손쉬운 사용이 가능하다. 조건검색식, 조건식, 검색식, 검색기 등 사용자마다 다양하게 부르고 있다.

[키움증권 모의투자]

키움증권 ID를 보유한 고객에게 3개월마다 무료로 제공하는 사이버 머니로 실제와 비슷한 흥미진진한 투자 시뮬레이션이 가능하다.

[키움증권 성과검증]

키움증권의 성과검증은 과거에 실제로 거래된 종목들을 대상으로 자신이 작성한 조건식이 어느 정도의 성과를 냈는지 검증하는 도구로 유용하게 사용되며 백테스팅으로 알려져 있다.

조건검색을 이용한 주식 자동매매 완전정복

[클라우드 서버]

세계 각국의 데이터 센터에 있는 대규모의 서버로 사용자가 원하는 사양을 1분이면 구축하여 사용할 수 있으며, 사용한 시간만큼 사용료를 내는 방식의 서비스가 많다. 1년간 무료로 사용이 가능한 아마존 EC2 서버도 있고 월 1~2만 원대부터 다양한 가격의 서비스가 있다. 클라우드 서버는 비용도 중요하지만 시스템 트레이딩이 원활하게 운용되는지 확인이 꼭 필요하다. 저비용의 클라우드 서버는 모의투자, 소액 실매매로 검증하는 데 사용하고 실매매를 할 때는 고사양 컴퓨터, 물리 서버 등을 활용하길 권한다.

[광랜, 기가 랜]

자동매매를 위해 필수적으로 인터넷 접속이 되어야 하며 속도는 빠를수록 좋으나 연습 매매 단계에서는 문제 되지 않는다.

[슬리피지(Slippage)]

실전매매를 하다 보면 원하는 가격에 체결되지 않고 더 낮은 가격이나 더 높은 가격에 체결되는 경우가 많다. 특히 시장가 매매 시 많이 발생하며, 이러한 실거래에서 발생하는 체결 가격 차이를 슬리피지라 한다.

[익절]

목표한 가격이나 수익이 발생했을 때 매도하여 수익을 확보하는 행위이다.

[손절]

매수 후 가격이 하락하여 더 이상의 손해를 방지하고자 손실을 보고 매도하는 행위이다.

[전체 청산 시간]

정해진 시간에 수익 여부와 관계없이 보유 중인 종목을 전부 청산하는 방법이다.

[전체 청산]

종목별 매도가 아닌 일정 기준에 도달하면 전체 보유종목을 매도하는 방법이다.

[매수 조건식]

키움증권에서 제공하는 조건검색식으로 매수 종목을 검색하기 위해 자동매매 프로그램에 결합하여 사용하는 조건식을 말한다.

[매도 조건식]

자동매매 프로그램의 설정값으로 매매하면서, 동시에 사용자가 작성한 매도 조건식에 부합하는 종목이 검색되면 매도되는 방식이다. 각각 사용도 가능하고 동시 사용도 가능하다.

[트레일링 스탑(TS)]

이익 보존의 방법으로 설정한 목표치에 도달하면 작동을 시작하여 고점 대비 일정 % 하락 시 매도하는 방법이다. 목표한 수익을 보존하면서도 주가가 상승할 때 지속적으로 고점을 추적하기 때문에 이익을 극대화할 수 있다.

[익절금액(수익금액)]

수익률이 아닌 원하는 하루의 수익금만큼 청산하기 위해 사용하는 방법이다.

[손절금액]

하루에 정해진 손실 금액을 넘어서면 더 이상 매매를 진행하지 않고 전체 청산을 하는, 손실 한도를 정하여 매매하는 방법이다.

[익절률(수익률)]

종목당 수익률과 전체종목의 수익률에 따른 청산 방식에 사용되며 목표 수익률 달성 시 청산된다.

[손절률]

종목당 손절률과 전체종목 손절률에 따른 청산 방식으로 정해 놓은 손절률 도달 시 청산된다.

[미체결]

매수와 매도 시 주문한 가격에 체결이 되지 않고 주문이 유지된 상태이다.

[데이트레이딩]

매수와 매도를 당일에 완료하여 종목을 보유하지 않고 이튿날로 넘어
가 시장 리스크를 최소화하는 매매 방법이다.

[스윙트레이딩]

종목을 매수하여 당일에 매도하지 않고 보유하여 단기, 중기, 장기로
매도하는 방법이다.

[초단타매매]

분, 초 단위의 짧은 시간에 여러 번 사고파는 행위이다.

[극초단타매매(HFT)]

개인은 불가능하며 수익을 목적으로 선진국에서 성행하는 비차익 매
매기법이다. 불법에 가까운 방법으로 슈퍼컴퓨터를 이용한다. 매수, 매
도, 단가 가로채기, 주문 가격 엿보기 등 기상천외한 방법과 상상을 초월
하는 거액의 초고속 전용망을 통째로 가설하고 슈퍼컴퓨터를 사용하는
매매 방법이며 외국의 자본시장에서 커다란 문제가 되고 있다.

[버전 처리]

키움증권 Open API 프로그램의 업그레이드를 뜻한다. 주기적으로 업
그레이드가 이루어지며 '중요 업데이트'가 발생하면 자동 로그인이 해제
되니 수동으로 접속 후 업데이트를 진행해야 한다. 자동 로그인 사용 중
종목이 검출되지 않거나 평소와 다르게 작동된다면 Open API 업데이트

를 하자. 만일을 대비해 주기적으로 업데이트할 것을 권장한다.

[변동성완화장치(동적, 정적 VI)]

정해진 규정의 시세 급등락이 있을 때 2분간 매매를 중단시킨 후 호가를 접수하여 2분 후 정상 매매를 재개시킨다. 종목 대부분이 변동성완화장치에 걸리면 급락하는 경우가 많아 뒤늦게 따라 들어간 개인 투자자들이 손실을 많이 본다. 10%까지 급락하는 예도 있으니 반드시 유의하자.

[공매도]

개인이나 대량보유자의 보유주식을 빌려서 고점에서 팔아 버린 후 저가에 매수하여 개인에게 반환하는 기관, 외인 투자자의 수법으로 개인은 무조건 불리한 게임이다.

차트 화면 출처 : 코스콤

HTS 화면 출처 : 키움증권

번트 화면 출처 : 지너스 소프트

조건검색을 이용한

주식 자동매매
완전정복

ⓒ 엑슬론, 2023

초판 1쇄 발행 2023년 12월 11일
    3쇄 발행 2024년 3월 10일

지은이   엑슬론
펴낸이   이기봉
편집   좋은땅 편집팀
펴낸곳   도서출판 좋은땅
주소   서울특별시 마포구 양화로12길 26 지월드빌딩 (서교동 395-7)
전화   02)374-8616~7
팩스   02)374-8614
이메일   gworldbook@naver.com
홈페이지   www.g-world.co.kr

ISBN   979-11-388-2576-4 (03320)